LA VIE PRIVÉE

D'AUTREFOIS

ARTS ET MÉTIERS

MODES, MŒURS, USAGES DES PARISIENS

DU XII° AU XVIII° SIÈCLE

D'APRÈS DES DOCUMENTS ORIGINAUX OU INÉDITS

PAR

ALFRED FRANKLIN

LES MAGASINS DE NOUVEAUTÉS

*

LABOR · IMPROBVS · OMNIA · VINCIT

PARIS

LIBRAIRIE PLON

E. PLON, NOURRIT et Cie, IMPRIMEURS-ÉDITEURS

RUE GARANCIÈRE, 10

1894

LA VIE PRIVÉE

D'AUTREFOIS

Ce volume a été déposé au ministère de l'intérieur (section de la librairie) en avril 1894.

LA VIE PRIVÉE D'AUTREFOIS

PARIS. TYP. DE E. PLON, NOURRIT ET Cie, RUE GARANCIÈRE, 8.

TABLE DES SOMMAIRES

INTRODUCTION

I

II

LE VÊTEMENT

CHAPITRE PREMIER

LES TREIZIÈME ET QUATORZIÈME SIÈCLES

CHAPITRE II

LE QUINZIÈME SIÈCLE

CHAPITRE III

LE SEIZIÈME SIÈCLE, DE LOUIS XII A HENRI III

CHAPITRE IV

LE RÈGNE DE HENRI III

CHAPITRE V

LE RÈGNE DE HENRI IV

CHAPITRE VI

LES RÈGNES DE LOUIS XIII ET DE LOUIS XIV

I

LES HOMMES

II

LES FEMMES

CHAPITRE VII

LES RÈGNES DE LOUIS XV ET DE LOUIS XVI

I

LES HOMMES

II

LES FEMMES

ÉCLAIRCISSEMENTS

LA

VIE PRIVÉE D'AUTREFOIS

LES MAGASINS DE NOUVEAUTÉS

INTRODUCTION. — LE VÊTEMENT.

INTRODUCTION

I

L'origine de nos grands magasins de nouveautés remonte
au moins jusqu'au treizième siècle. — Chaque métier n'a
le droit de vendre que les produits fabriqués par lui. —
Conséquences de ce principe. — Exception qui y est
faite. — Origine des merciers. — Nature de leur commerce. — Les rois des merciers. — Deux classes de merciers. — Les boutiques des merciers sont de véritables
bazars. — Organisation de la communauté au treizième
siècle. — La rue Quincampoix. — La galerie du Palais et
la Grange-aux-merciers. — Statuts de 1407 et de 1567.
— Nombre des merciers en 1570.

Les habiles commerçants qui ont créé avec
tant de succès, il y a peu d'années, nos grands
magasins de nouveautés se croyaient certai-

nement des novateurs. Je regrette d'avoir à
dissiper cette illusion. L'idée qu'ils se figu-
raient avoir conçue était vieille d'au moins
six cents ans. Elle avait été réalisée dès le
treizième siècle, et si ces opulentes maisons
désirent dresser leur généalogie, je n'hésite
pas à affirmer qu'ils pourront la faire remonter jusqu'au règne de saint Louis.

Avant la Révolution, chacun des métiers
qui constituaient l'industrie et le commerce
parisiens avait sa spécialité bien définie. Des
statuts très explicites déterminaient avec soin
quels objets ils étaient autorisés à fabriquer
et à vendre.

En ce qui touche la fabrication, ces statuts
entraient dans les détails les plus minutieux,
précisaient, par exemple, le nombre des te-
nons et des mortaises nécessaires pour assurer
la solidité d'un siège ou d'une porte, et tout
objet qui n'avait pas été exécuté d'après les
règles prescrites était confisqué, puis brûlé
devant la boutique du coupable [1].

Quant à la vente, chaque métier ne pouvait
faire trafic que des objets qu'il était autorisé
à produire. Dès qu'un marchand se permet-

---

[1] Voy. *Comment on devenait patron*, p. 106 et suiv.

tait de débiter ou seulement de posséder chez
soi des marchandises étrangères à sa spécialité, il empiétait donc sur le monopole d'un
autre métier. Ce principe, source intarissable
de querelles, de saisies, de procès, resta en
vigueur jusqu'à la fin du dix-huitième siècle,
et les communautés se montrèrent toujours
fort jalouses de le conserver intact.

Si aucune exception n'y eût été apportée,
qu'en fût-il résulté? Au début, tout commerce
en gros eût été à peu près impossible. Qu'un
gantier voulût, soit exporter ses produits, soit
importer des produits étrangers, il était réduit
à se mettre en route chargé de gants, et il lui
était interdit de rapporter autre chose. Dans
un temps où la consommation était très limitée
et l'argent très rare, où les transactions
avaient très souvent lieu par échanges, son
voyage n'eût pu être fructueux. Aussi les
industriels se bornaient-ils, en général, à
vendre sur place les objets fabriqués par eux.
Mais le principe de la spécialisation des métiers entraînait une conséquence beaucoup
plus grave : appliqué dans toute sa rigueur, il
aurait condamné les habitants de Paris à se
priver des nombreux objets que l'industrie
parisienne ne créait point.

De là, la nécessité d'établir un corps spécial de marchands, organisé d'après des statuts absolument contraires à ceux qui régissaient les autres communautés. Toute fabrication fut interdite à ses membres, et en revanche ils eurent le droit de vendre, non seulement l'universalité des articles fabriqués à Paris, mais encore toute espèce d'objets et de produits, quelles que fussent leur nature et leur provenance. Les individus composant cette corporation reçurent le nom de *merciers*, dérivé du mot latin *merx*, qui désignait toute marchandise, toute chose susceptible de constituer un commerce.

Le trafic des merciers prit en peu de temps une extension considérable, et dès le quatorzième siècle leurs boutiques représentent exactement, à part le luxe et l'étendue, nos grands magasins de nouveautés. Les produits qui les encombrent sont aussi nombreux que variés, et l'entassement de tant de merveilles serait difficile à croire si un poète de l'époque ne nous en avait conservé la très curieuse énumération. Elle a pour titre : *Le dit d'un mercier*. L'honorable commerçant est supposé parler au public, et ainsi que le font nos prospectus actuels, il lui vante la quantité et

la qualité de ses marchandises. Comme mes
lecteurs se laisseraient sans doute vite rebuter
par le style du quatorzième siècle, je me
bornerai à analyser cette petite pièce, qui se
compose de 169 vers [1].

Notre mercier s'adresse d'abord aux dames,
et leur annonce qu'elles trouveront chez lui
les articles de toilette les plus variés :

> Si ai tot [2] l'apareillement
> Dont femme fait forniement,

des gants ordinaires ou fourrés, des mitaines [3],
des rubans, des lacets, des boucles pour les
ceintures et pour les souliers, des aiguilles
très pointues [4], des épingles d'archal et d'argent et des dés à coudre [5], des rasoirs, des
ciseaux, des cure-oreilles et des cure-dents,
des instruments pour lisser et créper les cheveux, des chausse-pieds, des peignes, des miroirs, du rose et du blanc pour les jolis visages :

> Rasoers, forces, guignoeres,
> Escuretes et furgoeres,

---

[1] Bibliothèque nationale, manuscrits. fonds français,
n° 19,152.

[2] Tout.

[3] « Et mofles à metre en lor mains. »

[4] « J'ai les très cointes aiguillées. »

[5] « J'ai les deeus à costurières. »

> Et bendeax et crespiseors.
> Trainax, pignes, mireors,
> Eve rose dont se forbissent,
> J'ai queton dont eus se rougissent,
> J'ai blanchet dont eus se font blanches.

J'ai encore « le bon savon de Paris. » J'ai des agrafes et des aumônières, des brides d'attaches ornées de gros boutons d'or et de soie,

> J'ai beax freseaux à faire ataches,
> A gros botons d'or et de soie.

Le comptoir des coiffures est très bien assorti. On y voit des guimpes, des voiles pour les nonnains, des couvre-chefs, des chapeaux d'orfrois [1], et aussi de beaux masques pour cacher la figure,

> J'ai beax museax à musel,

mode sur laquelle je reviendrai.

J'ai des doublures d'hermine, j'ai des peliçons [2] fourrés de loutre, j'ai beaucoup d'autres vêtements tout confectionnés, bordés et garnis avec de la peau de marsouins et d'autres poissons.

Je vends aussi des bijoux de toutes sortes,

---

[1] Sur tous ces noms, voy. *Chapellerie et modes.*

[2] Voy. ci-dessous, p. **56.**

des broches, des anneaux, et des écrins pour
serrer ces belles choses.

Visitez le rayon des jouets, la joie des
enfants, la tranquillité des parents, voyez surtout ces toupies d'invention récente et ces
balles,

> Caboz torneiz et pelotes.

Les bonnes ménagères peuvent venir chez
moi en toute confiance. Voici des couteaux à
lame ronde ou effilée, des cuillères en bois
de tremble, des paniers, des pilons, des
moules à gâteaux, et des bluteaux pour faire
lé pain. Je vends aussi des épices, du safran
pour assaisonner les viandes [1], du gingembre,
du cumin, du poivre. Si vous désirez des
fruits, voici des grenades, des figues, des
dattes, des amandes,

> Figues, dates et alemandes,
> J'ai saffren à metre en viandes.

Enfin si, comme je l'espère, vous écrivez
chaque jour avec soin votre dépense, achetez
ces tablettes enduites de cire et le style qui
sert à y tracer des caractères [2].

---

[1] Sur cette coutume, voy. H. Estienne, *Apologie pour
Hérodote*, chap. xxxvii.

[2] Dès le treizième siècle, les vingt et un patrons qui s'occupaient de la fabrication de ces tablettes soumirent leurs

Tout le monde peut trouver ici des objets à sa convenance :

Pour les musiciens, j'ai des flûtes, des flageolets, des cordes à vielles..

Pour les gens d'Église, j'ai des encensoirs et de l'encens, des bénitiers et des chapelets, des cloches destinées aux couvents,

> J'ai campeneles de mostier.

Pour les mauvais sujets, j'ai des dés à jouer ; les uns ont la propriété de tomber sur les nombres les plus élevés, les autres sur les plus bas, d'autres toujours sur l'as,

> J'ai dez du plus, j'ai dez du mains,
> De Paris, de Chartres, de Rains [1].
> Si en ai deux, ce n'est pas gas [2],
> Qui, au hocher, chieent sor as.

J'ai des hameçons pour les pêcheurs,

> J'ai ameçons à pescheors,

de belles clochettes pour mettre au cou des vaches,

> J'ai beax clareins à metre à vaches,

---

statuts à l'homologation du prévôt de Paris. Ces statuts sont intitulés : *Cis titres parole de ceus qui font tables à escrire à Paris.* Voy. le *Livre des métiers*, titre LXVIII.

[1] De Reims.
[2] C'est très sérieux

et même de bons fers pour garnir les flèches,

> J'ai bons fers à metre en saiette.

Je fais concurrence aux médecins, aux chirurgiens et aux apothicaires, car on trouve dans ma boutique du vif-argent, des lancettes [1], des remèdes contre la teigne et contre la goutte, et aussi du galanga, qui donne de la force et de l'éclat à la voix des clercs.

Entrez tous, faites votre choix. Si vous n'avez pas d'argent, je me contenterai d'échanges, j'accepterai au besoin du fer ou des œufs,

> Venez avant, dames, venez.
> Venez avant, si m'estrinez
> D'uef ou de fer ou de deniers.

Nous savons à présent ce qu'étaient les merciers, reprenons leur histoire d'un peu plus haut.

Dès l'origine, on les trouve soumis à l'autorité de puissants personnages, qui s'intitulent *rois des merciers*. Au nombre de huit ou dix pour toute la France, chacun d'eux avait la haute main sur le commerce en gros d'une province. Représentés dans les grandes villes par des lieutenants à leurs gages, on les voit

---

[1] « J'ai les lacetes à seignier. »

1.

protéger et surtout pressurer les riches merciers, marchands nomades qui allaient de
pays en pays, de port en port, de foire en
foire, achetant, vendant, échangeant, spécu-
lant, trafiquant partout. Bientôt, à la faveur
des troubles qui affaiblirent le pouvoir royal,
ces magistrats parvinrent à étendre leur autorité, non seulement sur le négoce en gros,
mais aussi sur les plus humbles artisans établis dans les limites de leur juridiction. Il
fallut alors, pour exercer un métier quel-
conque, obtenir du roi des merciers des
lettres de maîtrise, supporter en outre son
ingérence dans les affaires de la corporation,
lui payer tribut sous mille formes [1], etc., etc.
François Ier tenta vainement de supprimer ces
magistrats [2], et Henri III ne réussit pas mieux

---

[1] « Tous marchans vendans par poids ou mesures quelques sortes de marchandises que ce fust, et ceux qui exer-
cent quelques arts ou mestiers que ce soit, en boutiques
ouvertes, magazins, chambres, astelliers ou autrement,
étoient tenus et astraints, auparavant que de pouvoir entrer
ausdits exercices, prendre lettres d'un par eux estably qui
estoit nommé le Roy des Merciers, auquel estoient attribuez certains droits pour lesdictes lettres, avec autres droits
pour les visitations et apprentissages, qui se levoient de six
en six mois. » *Édit d'avril* 1597, préambule.

[2] « Ce qu'ayant esté supprimé par le feu Roy François
premier, et réüny à la Couronne pour en joüyr par luy et
ses successeurs, lesdicts droits ont esté depuis négligez et

en 1581[1]. L'édit d'avril 1597 fut en grande partie dirigé contre eux ; il déclara leurs offices abolis et supprimés, avec défense expresse de les rétablir[2]. Tous n'avaient pas encore disparu en 1614, puisqu'aux États généraux de cette année, on voit figurer dans les cahiers du Tiers-État le vœu de leur suppression[3].

usurpez par quelques particuliers, lesquels n'ont laissé de prendre ladicte qualité de Roys des Merciers. » *Édit d'avril 1597*, préambule.

[1] « Ausquels [abus] le feu Roy dernier décédé, nostre très-honoré Seigneur et frère, que Dieu absolve, voulant pourvoir, auroit par son édict du mois de décembre mil cinq cens quatre vingts un, fait et ordonné plusieurs beaux règlemens sur tous lesdits arts et mestiers... Lequel édict, au moyen des guerres et troubles survenus en cedict Royaume auroit esté révoqué, et partant demeuré infructueux et non exécuté. » *Édit d'avril 1597*, préambule. — Cet édit de décembre 1581 attribue au roi toutes les prérogatives dont jouissaient les rois des merciers, mais sans faire aucune mention de ceux-ci.

[2] « Cassant et adnullant par ces présentes toutes les lettres et pouvoirs qui pourroient avoir esté baillez par ledict Roy des Merciers. Lequel d'abondant, avec ses Lieutenans et Officiers, Nous avons esteincts, supprimez et abolis, esteignons, supprimons et abolissons par cesdites présentes. Avec défenses très-expresses à toutes personnes de se dire et qualifier Roy des Merciers, et par vertu de ce tiltre et prétention des pouvoirs y attribuez, de s'immiscer de bailler aucunes lettres de maistrises, faire visitations, recevoir aucuns deniers, ny faire autres actes dépendans dudit règlement, sur peine d'estre punis comme faulsaires et de dix mil escus d'amende à Nous à appliquer. » *Edit d'avril* 1597, art. 4.

[3] « Que la qualité, charges et droicts du Roy des Merciers

A Paris toutefois, où les métiers importants furent de bonne heure constitués en
corporation et dè lors relevèrent plus ou
moins du pouvoir royal, le roi des merciers
n'était en réalité que le titulaire d'une siné-
cure peu lucrative, et on ne le voit guère
intervenir dans l'administration des communautés[1]. Aussi le mot *mercier* ne fut-il jamais
employé à Paris comme terme générique pour
désigner l'ensemble des gens de métiers. Il
s'appliqua d'abord, comme je l'ai dit, à tout
commerçant en gros, puis il devint le titre de
la corporation dont j'esquisse ici l'histoire.

A travers mille dangers, les merciers par-
courent la France, puis les contrées étrangères ; ils vont visiter aussi les industrieuses
cités italiennes qui centralisent les produits
de l'Orient. Menacés, rançonnés, toujours
soutenus par l'espoir du gain, ils reviennent
enfin, apportant à Paris des épices et des

---

et autres mestiers, marchandises et denrées soit esteinte et
abolie. » *Cahier général du Tiers-État*, à la suite de Flori-
mond Rapine, *Recueil très exact et curieux de tout ce qui
s'est fait et passé aux États généraux de* 1614, p. 214.

[1] M. Jal a retrouvé le nom de Jacques de Cambray, qui
en 1572 se disait « roi des merciers de Paris. » (*Dictionnaire
critique*, p. 1076.) — Sur les prérogatives dont jouissait
en 1448 le roi des merciers dans la Touraine, l'Anjou et le
Maine, voy. les *Ordonnances royales*, t. XIV, p. 27.

drogues rares, des métaux précieux, des
armes, des bijoux, des parfums, surtout de
riches étoffes, damas, baudequins, brocarts,
siglatons, camocas, cendaux, mousselines,
samits, diapres, marramas, nachiz, taffetas, etc., etc. Ce sont là les merciers primitifs,
les commerçants intelligents et hardis que le
roi des merciers a pour mission de protéger
au cours de leurs périlleux voyages.

Une fois de retour, le mercier doit songer
à écouler ses marchandises, et cette vente au
détail exige des aptitudes bien différentes des
siennes. Un autre membre de la corporation,
moins aventureux et plus sédentaire, s'en
charge. Mais celui-ci ne se borne point à débiter les articles qui lui ont été soit confiés,
soit cédés en gros. Il n'oublie pas que les statuts de sa communauté l'autorisent à trafiquer
de toute espèce d'objets ; s'il lui est interdit
d'en fabriquer aucun, il peut faire fabriquer
ceux qui lui conviennent, et il a en outre le
droit d'*enjoliver* lui-même, c'est-à-dire de
parer comme il l'entend, tout ce qu'il vend.
Les boutiques des merciers offrent donc
l'aspect de véritables bazars, et elles se
multiplient avec une merveilleuse rapidité.
Dans le langage usuel, dans la conversation,

ce sont ces détaillants que le mot *mercier* va désigner désormais ; et les autres, les voyageurs, sont forcés d'ajouter à ce titre celui de *grossiers*[1], pour indiquer leur spécialité de marchands en gros.

Il serait fort imprudent, je crois, de vouloir mettre des dates précises à tous les faits que je viens d'exposer ; mais plusieurs d'entre eux se trouveront développés dans la suite de ce récit. Il est probable, toutefois, que les merciers, « venditores mercium, » étaient régulièrement constitués en communauté dès 1137, puisqu'à cette date ils possédaient aux halles une place fixe, pour la location de laquelle ils payaient cinq sous par année[2].

---

[1] Les maîtres de la corporation des merciers conservèrent toujours le titre de *grossiers*, qui affirmait leur droit de vendre en gros ; mais ce mot avait un autre sens. Il désignait les ouvriers employés aux travaux les plus durs. Ainsi, il s'appliquait parmi les ouvriers en bois aux charpentiers, parmi les ouvriers en fer aux taillandiers. Jusqu'à la fin du dix-huitième siècle, il fut donné, dans le sein d'une même corporation, aux artisans qui fabriquaient les ouvrages les moins délicats : les chaudronniers-grossiers ne faisaient guère que des chaudrons, et les horlogers-grossiers que des tourne-broches. Le terme opposé était celui de *menuisier* : les potiers d'étain-menuisiers, les orfèvres-menuisiers avaient, dans la poterie et l'orfèvrerie, la spécialité des objets les plus fins.

[2] Voy. Félibien, *Histoire de Paris*, preuves, t. I, p. 54

Au siècle suivant [1], ils soumirent leurs statuts à l'homologation du prévôt Étienne Boileau [2]. Ces statuts prouvent que les boutiques des merciers représentaient déjà nos
magasins de nouveautés ; on y vendait des
étoffes de tous genres, de la menue mercerie,
des objets de toilette, ceintures, franges,
bourses, aumônières, chapeaux parfois garnis
de perles fines et d'ornements d'or et d'argent. La fabrication commandée par les merciers était soumise à des règles très sévères.
Il leur est interdit d'employer pour l'enfilage
des perles et pour les coutures autre chose
que du fil de soie ; défense aussi de rien
coudre sur parchemin ou sur toile, l'étoffe de
soie est seule tolérée ; les plaques d'or ou
d'argent doivent être massives et non creuses ;
l'or de Lucques, inférieur en titre à celui de
Paris, et les perles fausses ne peuvent entrer
dans aucun de leurs ouvrages, ce qui prouve
avec quel art on les imitait déjà.

Le métier était libre ; il suffisait donc pour
s'établir de prouver aux jurés que l'on possédait un capital suffisant et que l'on connaissait la profession : « Quiconques veut estre

[1] Vers l'année 1268.
[2] *Livre des métiers,* titre LXXV.

merciers à Paris, estre le puet, pour [1] que il ait de quoi et il sache le mestier [2]. »

Chaque maître ne pouvait avoir à la fois plus de deux employés, apprentis, apprenties ou ouvrières [3].

Il n'est point question du roi des merciers dans ces statuts. Quatre jurés, élus par les maîtres, surveillaient et administraient la communauté [4].

Pour acquitter le droit d'entrée d'un panier de mercerie par le Petit-Pont, le marchand donnait au péager une aiguille ou un bout de ruban : « 1 aguille ou 1 atache de poitevine [5]. » Ces payements en nature se rencontrent assez souvent en ces temps où l'argent était rare. Pour l'entrée d'un cent de harengs, le péager prélevait un hareng [6]. Un jongleur devait, avant d'entrer, chanter un couplet de chanson ; s'il était accompagné d'un singe, il lui suffisait de faire danser l'animal devant le

---

[1] Pourvu.
[2] Article 1.
[3] Article 2.
[4] Article 14.
[5] *Livre des métiers*, 2° partie, titre II, *Cis titres parole del paage de Petit Pont*, art. 89. — La poitevine ou pite était la plus petite des pièces de monnaie alors en usage.
[6] *Ibid.*, art. 36.

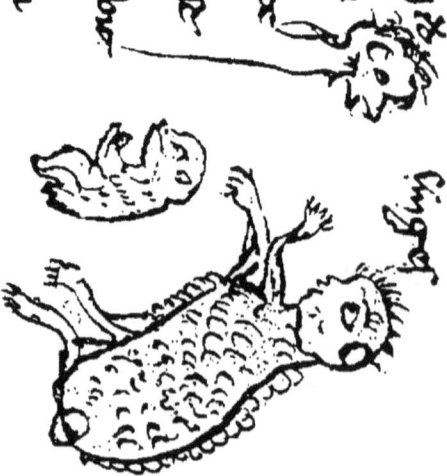

PAYER EN MONNAIE DE SINGE.

D'après un manuscrit du *Livre des métiers*.

péager[1]. On peut trouver là l'origine de notre expression *payer en monnaie de singe.*

La Taille de 1292 cite 70 merciers, celle de 1300 en mentionne 152, et leur nombre ne cessa de s'accroître.

C'est dans la rue Quincampoix[2] que demeuraient les merciers les plus fameux et le plus à la mode. Sur 122 commerçants habitant cette rue en 1313[3], on comptait 36 merciers[4]. Parmi eux, figure le riche Jean d'Espernon, taxé à 90 livres parisis. Dans tout le commerce

---

[1] « Li singes au marchant doit IIII d., se il pour vendre le porte. Et se li singes est à home qui l'ait acheté por son déduit, si est quites. Et se li singes est au joueur, jouer en doit devant le paagier, et pour son jeu doit estre quites de toute la chose qu'il achète à son usage. Et ausi, tot li jongleur sunt quite por 1 ver de chançon. » *Ibid.*, art. 44. — On voit que le singe destiné à être vendu payait quatre deniers d'entrée; celui qu'un particulier possédait comme animal domestique, pour son plaisir, ne payait rien.

Sur un des manuscrits du *Livre des métiers,* manuscrit qui date du treizième siècle et est conservé à la Bibliothèque nationale (fonds français, n° 24,069, f° 204), figure en marge un grossier dessin que je reproduis ici. Il faut y reconnaître le jongleur, son violon ou rebec et deux singes en train de danser pour satisfaire le péager.

[2] Alors rue « Quiquempoist » (*Taille de* 1292) ; « Quiquenpoit » (Guillot, *Dict. des rues de Paris*) ; « Qui qu'en poist » (*Taille de* 1313).

[3] Voy. la *Taille* de cette année, p. 74, 75, 92 et 93.

[4] Fait vraiment étrange, la *Taille de* 1292 (voy. p. 54) ne cite dans cette rue aucun mercier.

parisien, quatre autres marchands seulement
sont imposés à de plus fortes sommes[1].

Depuis longtemps, s'il faut en croire Sauval[2], les merciers occupaient au Palais la
galerie qu'ils rendirent célèbre et dont je parlerai plus loin : « La galerie des merciers du
Palais, écrit-il, est le lieu où nos Rois leur per-
mettoient d'étaler leurs merceries du temps
qu'ils (nos rois) logeoient au Palais[3]. » Les
grandes dames et les jeunes seigneurs ne pouvaient déjà plus se passer de ces magasins qui
résumaient tout le luxe de l'époque ; aussi,
quand la Cour allait résider à Vincennes, les
merciers venaient s'installer sur la route
qu'elle suivait, et ils y étalaient leurs marchandises dans un endroit qui conserva le nom de
Grange aux Merciers[4].

Leurs affaires prospérèrent à souhait. En

---

[1] Ce sont :

> Wasselin de Gant, *drapier*, taxé à 150 livres.
> Jacques Marciau, *drapier*, taxé à 135 livres.
> Pierre Marcel, *drapier*, taxé à 127 livres.
> Guillaume le Flamenc, taxé à 96 livres.

[2] *Antiquités de Paris*, t. II, p. 475.

[3] Charles V quitta le palais de la Cité vers 1360, pour
aller s'installer au Louvre.

[4] Entre la rue de Bercy-Saint-Antoine et la Seine. —
Voy. Cl. Fauchet, *Origine des dignitez et magistrats de
France*, édit. de 1606, p. 38.

effet, une charte, dont la rédaction remonte
au quatorzième siècle, nous prouve que la
communauté payait alors pour le loyer des
places qu'elle occupait aux halles les jours de
marché une somme annuelle de 333 livres.
parisis[1], et l'on se rappelle qu'en 1137 elle
était taxée à cinq sous seulement.

Au début du quinzième siècle, le commerce
de la mercerie avait, parait-il, abandonné la
rue Quincampoix pour la rue du Feurre[2] :
« rue du Feurre où demeurent les merchiers, »
écrit Guillebert de Metz[3]. Vers la fin de l'année 1406, vingt-six d'entre eux, représentant
« la plus grande et seine partie des notables
merciers demeurans en la ville de Paris, »
supplièrent Guillaume de Tignonville, alors
prévôt de Paris, de vouloir bien reviser leurs
statuts. Le prévôt réunit au Châtelet, « par
plusieurs et diverses fois et journées, » les
avocats et le procureur du roi, ainsi que les
notables merciers, et ils procédèrent à une
nouvelle rédaction. Elle fut achevée le 18

---

[1] Dans G. Depping, *Ordonnances relatives aux métiers*,
p. 435.

[2] Devenue rue aux Fers, et aujourd'hui rue Berger.

[3] *Description de Paris*, édit. Le Roux de Lincy et Tisse-
rand, p. 207.

février 1407, et confirmée par le roi au mois de mars suivant[1].

La profession de mercier y est déclarée « un des plus grands fais de marchandise qui soit à Paris, » cité « qui doit estre vray miroüer et exemple en bonne police à toutes les autres bonnes villes du royaume de France[2]. »

Les premiers articles tendent surtout à régler les relations des merciers « repairans et habitans la ville de Paris » avec les marchands « forains et oultremontains. » Nous y voyons que les principaux articles d'importation étaient alors :

Les fils d'or et d'argent dits de Chypre, mais qui se fabriquaient à Gênes. Ils se vendaient roulés sur des bobines appelées *cannettes*[3].

---

[1] *Ordonnance du Roy Charles VI, servant de statut aux Marchands Merciers, Grossiers, Joüailliers de cette ville de Paris.* Dans *Statuts, ordonnances et réglemens du Corps des Marchands Merciers, Grossiers, Jouaillers de cette Ville de Paris... Avec plusieurs Arrest rendus en conséquence desdits Statuts et Ordonnances.* Paris, in-4°, 1601. Il faut sans doute lire 1701, car ce volume contient un arrêt de 1691. — Les statuts de 1407 ont été reproduits dans les *Ordonnances royales,* t. IX, p. 303, et dans Leber, *Dissertations sur l'histoire de France,* t. XIX, p. 473.

[2] Préambule.

[3] Article 5.

Les futaines et toiles teintes d'Allemagne.
Chaque pièce de futaine devait avoir douze
aunes de long, et chaque pièce de toile onze
aunes et demie [1].

Les peignes de Limoges et pays environ-
nants [2].

Les rasoirs, ciseaux et lancettes forgés à
Toulouse [3].

Les serges d'Arras, d'Angleterre et d'Ir-
lande [4].

Les étamines d'Auvergne et de Reims [5].

Les soies noires de Lucques et de Venise [6].

« Pour obvier aux malices, faussetez et dece-
vances qui pourront estre faites en ladite mercerie, » le nombre des jurés est porté à cinq.
Ils sont élus par la communauté, et jurent en
présence du prévôt de Paris « sur saintes Évan-
giles, que les ordonnances, points et articles
dessus [7] éclaircis ils garderont bien et loyau-
ment, qu'ils rapporteront à justice toutes les
amendes, forfaictures et confiscations qui des-

---

[1] Article 6.
[2] Article 6.
[3] Articles 6 et 9.
[4] Article 7.
[5] Articles 8 et 10.
[6] Article 14.
[7] Ci-dessus.

dites malfaictures pourront y être et devront
appartenir audit seigneur[1], selon la teneur de
cette présente ordonnance[2]. » Ils ont le droit
de saisir, mais chez les merciers seulement,
« les marcs, poids, balances et aulnes » sus-
pects[3]. Ils ne peuvent refuser d'exercer les
fonctions qui leur sont confiées, mais quatre
ans au moins doivent s'écouler avant qu'elles
leur soient dévolues de nouveau[4].

La surveillance et la visite[5] des marchandises était, en effet, un point difficile à régler
vis-à-vis des merciers qui vendaient des produits émanant de presque tous les corps de
métiers. Chaque corporation prétendait faire
examiner par ses propres jurés ceux de ces
produits dont elle avait le monopole; les merciers soutenaient, au contraire, que ce con-
trôle devait être exercé seulement par les
jurés de la mercerie, et des lettres patentes

---

[1] Le roi avait, suivant les cas, tantôt la moitié (art. 1, 2,
5, 9, 10, 12, 16), tantôt les deux tiers (art. 8, 11, 13, 14,
18, 19, 20, 23, 27), tantôt les trois quarts (art. 21, 25, 26)
des amendes infligées pour infractions aux statuts. Les jurés
se partageaient le reste.

[2] Article 29.

[3] Article 31.

[4] Article 30.

[5] Sur ces visites et les confiscations auxquelles·elles donnaient lieu, voy. *Comment on devenait patron.*

de janvier 1412[1], du 9 octobre 1570 et du 20 janvier 1571[2] leur donnèrent raison.

Il n'y a pas lieu d'insister sur ce point spécial. Mais les lettres patentes du 9 octobre 1570 sont intéressantes à un autre titre, elles résument ainsi en quelques lignes ce que j'ai dit plus haut du privilège attribué à la communauté des merciers :

Peu de marchands de Paris peuvent faire train et trafic de marchandises en pays lointains, ne pouvans sauver les frais de leurs achats et voyage sur une seule espèce de marchandise, de laquelle il leur est seulement permis de faire trafic.

Ce qui a été cause, qu'afin qu'en notre dite ville il y eût des marchands qui peussent faire venir toutes espèces de marchandises, voire des pays plus lointains et de toutes les parties du monde, il y a eu de tout temps et ancienneté un état de marchands grossiers, merciers et jouailliers, ausquels il est loisible et permis d'acheter en quelque pays que ce soit, et vendre et débiter en notre dite ville, soit en gros ou en détail, quelque espèce de marchandise que ce soit; afin qu'allans en un pays et n'y trouvans bien souvent des espèces de marchandises qu'ils y veulent et entendent acheter, ils en puissent librement acheter d'autres, et de tant d'espèces qu'ils aviseroient...

---

[1] *Statuts, ordonnances et réglemens*, p. 21. — Reproduites dans les *Ordonnances royales,* t. X, p. 46.
[2] *Statuts, ordonnances et réglemens*, p. 36 et 44.

II

Statuts de 1601, de 1613 et de 1645. Analyse de ces derniers. — Les jurés, les apprentis, les compagnons. — Liste
des marchandises composant le commerce des merciers.
— Visite des marchandises. — Modifications apportées à
l'apprentissage. — Richesse des merciers. — Les *Six-
Corps*. — Les merciers sont reçus maitres *noblement*.
— Les vingt classes de merciers. — Nombre des merciers
au dix-septième et au dix-huitième siècle. — La *galerie
mercière* au Palais. — Les mercières du Palais. — Principaux merciers de Paris au dix-septième siècle. — Le
célèbre Perdrigeon. — Le *Petit-Dunkerque*. — Le prix
fixe. — Le bureau des merciers. — Patron et confrérie
des merciers. — Prêt d'argent fait par les merciers à
Louis XIV. — Méreaux provenant des merciers. — Armoiries et devises de la corporation.

Charles IX renouvela en février 1567.[1] les
statuts des merciers, sans apporter de bien
grands changements dans l'organisation de la
communauté. Une nouvelle rédaction eut lieu
en juillet 1601[2]. Nous y voyons que la mercerie « contenoit en soy six états de marchands, sçavoir :

[1] *Ordonnance du Roy Charles IX*, etc., dans *Statuts,
ordonnances et réglemens*, p. 26.
[2] *Ordonnance du Roy Henri IV*, etc., dans *Statuts, ordonnances et réglemens*, p. 48.

1° le marchand grossier ;

2° celuy de draps d'or, d'argent et soye ;

3° celuy d'ostades [1] et serges ;

4° le tapissier ;

5° le marchand de menuë mercerie ; ·

6° celuy de joüaillerie. »

Un procès qui s'engagea, en octobre 1570, entre les chapeliers et les merciers nous apprend que ces derniers étaient alors au nombre de deux mille « tenans boutique, sans les colporteurs [2]. »

Au mois de janvier 1613, les merciers obtinrent encore de nouveaux statuts [3] ; et ceux-ci ont d'autant plus d'importance que, confirmés sans modifications par Louis XIV (août 1645), ils régirent la communauté jusqu'à la Révolution.

Le nombre des gardes ou jurés resta fixé à sept, un grand-garde annuel et six gardes élus pour trois ans [4]. Tous devaient être choisis parmi « les plus expérimentez, bien fameux et notables marchands. » Ils ne pouvaient

---

[1] Étoffes de laine, dont la mode ne survécut pas au dix-septième siècle.

[2] Bibliothèque nationale, manuscrits, fonds français n° 21,796, pièce 104, p. 10.

[3] *Recueil d'ordonnances, statuts et réglemens concernant le corps de la mercerie.* Paris, 1752, in-4°, p. 54.

[4] Article 2.

refuser d'accepter ce mandat, à moins qu'ils n'eussent atteint l'âge de soixante-dix ans, « ou qu'il y ait quelqu'autre excuse légitime qui puisse donner lieu à ladite descharge [1]. » L'élection était faite, en présence du substitut du procureur général, par soixante maitres au moins. Au cours de leurs fonctions, il est interdit aux jurés de quitter Paris pendant plus de six semaines [2].

L'apprentissage est de trois années, et suivi de trois années de compagnonnage [3]. L'apprenti doit être de nationalité française, et non marié [4].

Les maitres ne doivent avoir chacun qu'une seule boutique, « soit au Palais ou en la ville, supposé même que leurs femmes fussent capables d'en tenir de leur part [5]. »

L'article 12 énumère en ces termes l'interminable liste des marchandises que les merciers sont autorisés à « vendre, débiter, troquer et eschanger, » en gros et en détail, dans le monde entier :

Toutes sortes de marchandises d'or et d'argent.

[1] Article 1.
[2] Article 2.
[3] Article 3.
[4] Articles 3 et 5.
[5] Article 10.

Soyes, ostades, serges de Florence razes [1] et estamets [2] de Milan, serges de seigneur [3], de Layde [4], de Moüy [5], de Chartres, d'Orléans, d'Ascot [6] et de toutes autres sortes, pays et façons.

Camelots, burails [7], montcayarts [8], estamines, fustaines, doubleures, frizes [9], revesches [10], boucassins [11], treillis [12], bougrans [13], draps de Borde, d'Espagne, Angleterre et autres pays estrangers.

[1] Rases.

[2] Petite étoffe de laine, de même nature que la serge. Il en existait une manufacture importante à Châlons-sur-Marne.

[3] Serge très fine, employée surtout pour les vêtements des ecclésiastiques et des gens de robe. On disait aussi serge ou drap de sire.

[4] De Leyde.

[5] Auj. dans le département de l'Oise.

[6] Près de Louvain.

[7] Étoffe légère, dont la chaîne était de soie, et la trame de laine, de coton ou de fil.

[8] Moncahiard ou mocayar, burail très fin et ordinairement noir.

[9] Étoffe de laine frisée d'un côté et en général assez grossière.

[10] Étoffe de laine grossière, non croisée, à poil long et parfois frisé.

[11] Sorte de toiles gommées et calandrées, que l'on employait surtout pour les doublures. C'était une variété des treillis et des bougrans.

[12] On nommait ainsi : 1° de grosses toiles de chanvre écru, dont on confectionnait des sacs, des guêtres, etc., 2° des toiles gommées, calandrées et satinées qui servaient à faire des coiffes de chapeaux, des doublures, etc.

[13] Fortes toiles de chanvre employées le plus souvent comme doublure pour la partie des vêtements qui avait besoin d'être soutenue.

Toiles de toutes sortes, ouvrées et non ouvrées, tant françoises qu'estrangères, grosses, moyennes et fines.

Chemises, mouchoirs, collets et toutes autres sortes de lingerie.

Chanvres, lin, fil de toutes sortes, teints et non teints.

Cordes, cordages, ficelles, sangles, panneaux et fillets tant de chasse que de pesche.

Castors à faire chappeaux, laines filées et non filées, teintes et non teintes.

Bonnets, chappeaux, bas de chausses [1] tant de soye, laine, que fil ou autre estoffe, camisolles, cottons aussi filez et non filez.

Marroquins, cuir de Levant, chamois, buffes, buffetins [2], chevrotins, vélins, peaux de moutons parées, cuir de mégis, et généralement toutes sortes de cuirs.

Fourrures, pelleteries, gants, mitaines, et tous ouvrages faits des susdites estoffes.

Vins.

Tapisseries, coutils, courtepointes, couvertures, castelongnes [3] et autres franges.

Passemens, dentelles, lassis, poincts-coupez [4], rubans, cordons.

---

[1] Voy. ci-dessous, p. 67.

[2] Buffles et buffletins.

[3] Couverture de lit faite avec de la laine très fine.

[4] Le mot *passement* s'appliquait alors à toute dentelle, et l'on nommait *point* toute dentelle faite à l'aiguille. (Voy. G. Despierres, *Histoire du point d'Alençon*, p. 3.) Le *point-coupé* fut surtout en vogue au dix-septième siècle. « Si la

Boutons d'or, d'argent, de soye, fil, crain et de toutes autres estoffes et de tous pays et façons, mesme l'or et l'argent tant fin que faux, filé sur soye ou sur fil, ensemble or ou argent de Chipre, soyes creuës et non escreuës, teintes et non teintes.

Et pareillement toute sorte de joüaillerie d'or et argent, pierres précieuses, perles, joyaux d'or et argent, vaisselle d'or, d'argent et autres métaux; corails, grenads, agathes, calcidoines, cristails, ambre, amatistes, et toutes sortes de pierres taillées et non taillées.

Et toutes sortes de patenosterie [1], droguerie, espicerie, brésil [2], pastel, cochenilles, graine d'escarlatte, garance, et toutes espèces de teintures.

Fer, acier, cuivre, airain, laton ouvrez et non ouvrez, neufs ou vieils, mesme fil de laton, mitrailles [3].

Espées, dagues et poignards, lames, gardes et garnitures d'iceux, et toutes autres sortes d'armes pour hommes et chevaux, esperons, estriers, mors de chevaux.

Fers, clouds, cizeaux, lancettes, canivets [4], razoirs, cousteaux.

---

perfection peut exister sur la terre en quelque chose, ce miracle a été réalisé par les inventeurs de ces deux dentelles [le point coupé et le point de Venise.] » Voy. J. Séguin, *La dentelle, histoire, description,* etc., p. 111.

[1] Chapelets et articles semblables.

[2] Bois de teinture

[3] Ferraille.

[4] Canifs.

Espingles, esguilles, esguillettes, ceintures, porte-espée.

Peignes, esponges.

Serrures, cadenats, fermetures d'huis, portes, fenestres, coffres et cabinets.

Dinanderie, quinquaillerie, coustellerie, et toutes autres sortes de marchandises de cuivre.

Fer, fonte, acier, et toutes autres œuvres de forge et fonte.

Miroirs, images, tableaux tant en bosse qu'autrement, peintures.

Heures, pseaumes, catéchismes et autres livres de prières.

Plumes, gaines, estuits, boëtes, escritoires.

Et généralement toutes autres sortes et espèces de marchandises.

L'article 13 reconnaît aux jurés de la mercerie le droit de visiter « les aulnes, poids, mesures et marchandises » chez tous les marchands de Paris, compris les privilégiés et ceux suivant la Cour[1]. Ils peuvent se faire assister dans leurs visites, soit d'un commissaire, soit d'un sergent du Châtelet « pour leur donner confort, ayde et prison, si besoin est, faire faire ouverture, tant de jour, que de nuict, de tous magazins, chambres, boutiques, coffres, comptoirs, armoires et autres lieux

---

[1] Voy. *Comment on devenait patron.*

où ils sçauront, penseront et pourront sçavoir
et penser y avoir marchandises latitées ou
cachées, les faire saisir, transporter en leur
Bureau, ou procéder par voye de scellés,
dont seront faits et dressez bons procez-ver-
baux. »

Ils ne peuvent fabriquer aucun objet, mais
ils ont la faculté de parer, enrichir et enjoliver toutes leurs marchandises [1]. On renou-
velle aux maîtres des autres corps de métier
l'interdiction de vendre « aucune marchandise qui n'ait été faite ou manufacturée par
eux ou leurs serviteurs [2]. »

Ces statuts furent modifiés dans la suite
par quelques arrèts rendus à la demande de
la corporation. Le 1er août 1669, le Parlement interdit la maîtrise à tout apprenti qui
se serait marié pendant son service [3]. Le
6 juillet 1671, il défend à tout maître d'avoir
en même temps plus d'un apprenti [4]. Le
27 février 1679, il autorise le mariage des
apprentis, mais seulement avec une fille de
maître ; dans ce cas, l'apprenti est dispensé

---

[1] Article 14.
[2] Article 16.
[3] *Recueil d'ordonnances*, etc., p. 117.
[4] *Recueil d'ordonnances*, etc., p. 117.

du compagnonnage et admis aussitôt à la maîtrise[1].

. La corporation des merciers passait pour la plus opulente de Paris. « Ce corps, dit Sauval, est plus riche tout seul que les cinq autres corps de marchands, et on lève sur eux autant que sur les autres ensemble quand il s'agit de faire des levées sur les *Six-Corps*[2]. » Sauval est même au-dessous de la vérité. Ainsi, en 1696, lorsque les *Six-Corps* furent tenus de verser 400,000 livres pour le rachat des offices d'examinateurs des comptes des communautés[3], la répartition, faite à l'amiable par les six corporations, donna les résultats suivants :

Les merciers durent payer	198,092 liv.	10 s.		»
Les épiciers	—	76,676 —	18 s.	»
Les drapiers	—	58,990 —	15 s.	»
Les orfèvres	—	38,938 —	9 s.	3 den.
Les bonnetiers	—	21,083 —	3 s.	»
Les pelletiers	—	6,178 —	9 s.	»

---

[1] *Recueil d'ordonnances*, etc., p. 119.

[2] *Antiquités de Paris*, t. II, p. 475. — Ces mots, les *Six-Corps*, désignaient les six principales corporations de Paris, sorte d'aristocratie industrielle qui remontait à la fin du quatorzième siècle. En vertu d'un privilège qu'elles durent d'abord à leur richesse et qui leur fut bientôt reconnu par la municipalité, elles représentaient le commerce parisien dans les cérémonies officielles.

[3] Sur les créations de maîtrises et d'offices, voy. *Comment on devenait patron.*

Jusqu'à la Révolution, tout trafic, tout travail manuel étaient regardés comme une
marque de servage, et ne pouvaient se concilier avec la qualité de noble. Nous avons vu
quelles luttes les chirurgiens, les peintres et les
sculpteurs durent soutenir pour se dégager
des liens qui les attachaient à la classe ouvrière [1]. Les merciers, ne fabriquant rien, se
regardaient donc comme bien supérieurs à
eux, et c'était, paraît-il, l'opinion générale,
puisque Savary [2] écrivait encore au milieu du
dix-huitième siècle :

Le corps de la mercerie est considéré comme le
plus noble et le plus excellent de tous les corps de
marchands, d'autant que ceux qui le composent ne
travaillent point et ne font aucun ouvrage de la
main, si ce n'est pour enjoliver les choses qui sont
déjà faites et fabriquées, comme de garnir des gans
et des mitaines, attacher à des habits et autres vête-
mens des rubans et autres sortes de galanterie.
Aussi ceux qui sont admis dans ce corps sont-ils
reçus noblement, ne leur étant pas permis de faire
ni manufacturer aucunes marchandises, mais seulement de les enjoliver, ce qui n'est pas des autres
corps, qui sont regardez comme mixtes, c'est à dire
qu'ils tiennent du marchand et de l'artisan.

[1] Voy. *Les chirurgiens.*
[2] *Dictionnaire du commerce,* édition de 1741, t. III,
p. 358.

Les merciers étaient donc restés.fidèles au principe qui avait donné naissance à leur communauté, et justifiaient bien le proverbe : *Merciers marchands de tout, faiseurs de rien*[1]. Toutefois, les célèbres bazars dont Paris se glorifiait aux treizième et quatorzième siècles n'existaient plus. Le commerce de détail avait pris un tel développement que la corporation s'était fractionnée, spécialisée, aucun de ses membres n'ayant eu sans doute l'audace et surtout le capital nécessaire pour ouvrir une maison qui renfermât, comme nos grands magasins actuels, l'universalité des produits fabriqués par les autres corps de métier. On comptait donc, au dix-huitième siècle, vingt classes principales de merciers. Savoir :

1° Les *marchands grossiers,* ou vendant en gros[2].

2° Les *marchands de draps et étoffes d'or,* d'argent et de soie.

3° Les *marchands de dorure,* qui faisaient le commerce des franges, boutons, cordons, ceintures, etc., dans lesquels entraient des fils d'or et d'argent.

4° Les *marchands d'étoffes de laine,* camelots, étamines, droguets, tiretaines, etc.

5° Les *marchands joailliers,* qui vendaient toute espèce de bijoux et de pierres précieuses.

---

[1] *Dictionnaire de Trévoux,* édit. de 1771, t. V., p. 944.
[2] Voy. ci-dessus, p. 14.

6° Les *marchands de toiles,* linge de table, coutils, etc.

7° Les *marchands de dentelles,* batistes, mousselines, etc.

8° Les *marchands de soie* en bottes.

9° Les *marchands de peausserie,* maroquins, basanes, chamois, cuirs de Russie, etc.

10° Les *marchands de tapisseries,* portières, rideaux, moquettes, étoffes pour meubles, etc.

11° Les *marchands de métaux,* fer en barre, tôle, acier, plomb, cuivre, etc.

12° Les *marchands quincailliers.*

13° Les *marchands d'objets d'art,* tableaux, estampes, statues, candélabres, girandoles, lustres, pendules, coffres, etc.

14° Les *marchands de sacs de velours,* carreaux, coussins pour les femmes.

15° Les *marchands de rubans* d'or, d'argent et de soie, écharpes, gants, éventails, manchons.

16° Les *marchands papetiers,* qui représentaient nos papetiers actuels.

17° Les *marchands de chaudronnerie.*

18° Les *marchands de toiles cirées,* parapluies, porte-manteaux, guêtres, etc.

19° Les *marchands de menue mercerie,* représentant nos merciers actuels.

20° Les *petits merciers* ou *marchands bimbelotiers,* qui vendaient des jouets d'enfants, des peignes, des chapelets, des tabatières, etc. ¹.

---

¹ Dans un factum produit par les pelletiers, au cours du procès intenté par eux aux merciers vers la fin du dix-sep-

Les merciers firent, dès l'origine, partie des *Six-Corps*. Une violente animosité existait à ce sujet entre les pelletiers et les merciers, qui se disputaient le troisième rang. Cette grave question de préséance fut définitivement vidée, en 1625, au profit des merciers par une sentence de la municipalité [1]. L'édit d'août 1776, qui réorganisa les *Six-Corps,* confirma le triomphe des merciers ; ils obtinrent alors le premier rang, qu'ils partagèrent avec les drapiers.

Le nombre des merciers établis à Paris semble être resté pendant longtemps à peu près le même, et n'avoir guère dépassé deux mille [2].

tième siècle, on trouve énumérées vingt et une classes de merciers qui diffèrent peu de celles que je donne ici. Voy. Bibliothèque nationale, manuscrit français **21,978**, f° **119**.

[1] Elle est conçue en ces termes : « Veu les reiglemens et pièces y mentionnez et les registres du greffe de la Ville sur le faict desdites entréez. Ouys au Bureau pardevant nous les maistres et gardes des corps et marchandises de mercerie, orfèvrerie et bonneterie, et sur ce ouy le procureur du Roy de la Ville, avons ordonné que, à l'entrée de monseigneur le Légat [cardinal Barberini] qui se doit bientôt faire en cette ville, lesdits maîtres et gardes de la marchandise de pelleterie y assisteront, marcheront et porteront le ciel immédiatement après les maîtres et gardes de la mercerie et auparavant les maîtres et gardes de l'orfèvrerie et bonneterie... Fait au Bureau de la Ville, le mercredy septième jour de mai **1625**. » Bibliothèque nationale, manuscrit français n° **21,791**, f° **179**.

[2] Voy. ci-dessus. — Sauval, t. II, p. **475**, dit de **2,400**

Plusieurs d'entre eux avaient leur boutique
au Palais, dans une salle successivement appelée *mercerie du Palais, salle aux merciers,
galerie marchande, galerie mercière,* etc. Cette
galerie, située en haut du grand escalier qui
fait face au boulevard du Palais, est celle
qu'occupent aujourd'hui les loueurs de robes
et de toques à l'usage des avocats. Par derrière, et attenantes à la grosse tour centrale, se
trouvaient une vaste pièce et une cuisine dont
les merciers avaient aussi la jouissance ; c'est
là qu'étaient organisés les banquets donnés par
la communauté dans les occasions solennelles,
élection des jurés, fête de saint Louis, etc.

« La sale des merciers, disait Guillebert
de Metz vers 1410, a de long quatre vingt
piés. Là vent-on divers joyaux d'or, d'argent,
de pierres précieuses et autres[1]. » Antoine
Astesan, qui décrivit cette galerie quarante
ans après, en fait un éloge plus enthousiaste
et plus complet. Là, dit-il, on trouve des vêtements neufs ou vieux, de superbes tissus, de
la laine, du fil, de la soie, tout ce qui peut
servir à parer les jeunes filles et les jeunes

à 2,500 ; Savary, t. II, p. 420, 2,167 ; Hurtaut, t. I, p. 318,
2,184.

[1] *Description de Paris,* chap. xxi.

femmes, les mères, les enfants et les hommes.
Tout ce qui peut apporter quelque joie aux
malheureux mortels s'achète dans cette salle.
Il n'y manque ni les échecs, ni les dés, ni les
autres jeux. On y rencontre, présents si doux
pour les petites filles, de belles poupées, aussi
bien faites que bien habillées[1].

On y vendait beaucoup d'autres choses, et
cette galerie n'était pas la seule livrée aux
marchands. L'ambassadeur vénitien Lippomano écrivait en 1577 : « Dans les corridors
du Palais, il y a une immense quantité de
boutiques, à peu près comme dans la Mercerie
de Venise, et l'on y rencontre toujours une
foule de cavaliers et de dames[2]. » Corneille,
dans sa *Galerie du Palais*[3], fait figurer parmi
ses personnages un libraire, une lingère et
un mercier. Ce dernier offre à Lysandre

Des gants, des baudriers, des rubans, des castors[4],

et il s'adresse en ces termes à Cléante :

Ne vous vendrai-je rien, Monsieur? Des bas de soie,
Des gants en broderie ou quelque petite oie[5]?

---

[1] *Description de Paris*, édit. Le Roux de Lincy, p. 533.
[2] *Relations des ambassadeurs vénitiens*, t. II, p. 598.
[3] Jouée en 1634.
[4] Acte I, scène VII.
[5] Acte IV, sc. XIII. — Sur l'expression *petite oie*, voy. ci-
dessous, p. 218.

Fitelieu nous apprend qu'au commencement du dix-septième siècle, les mercières du
Palais se montraient fort coquettes, et que la
mode des coiffures était donnée par elles.
« Les mercières du Palais, écrit-il, galantisent
de ce costé, et pour faire envie à celles qui
les visitent pour s'informer des nouveautés, il
n'est rien de si ajusté qu'elles, ny de si gentil
que leur teste. Ces affetées ne manquent pas
de rhétorique pour leur persuader cette mode
qui leur donne du pain [1]. »

Molière a immortalisé dans *Les précieuses
ridicules* le nom de Perdrigeon, le plus fameux
mercier du dix-septième siècle. Quand Mascarille demande à Madelon si les rubans qu'il
porte sont de bon goût, Madelon exprime son
admiration par ces mots : « C'est Perdrigeon
tout pur [2]. » *Les précieuses ridicules* furent
représentées en 1659. Trente-trois ans plus
tard, Perdrigeon n'avait encore rien perdu de
sa célébrité, car dans l'*Arlequin phaéton* de
Palaprat, joué en 1692, le procureur dit
à Phaëton : « Depuis Perdigeon [3] jusqu'au
moindre mercier, tous les marchands ont des

---

[1] *La contre-mode* [1642], p. 380.
[2] Scène IX.
[3] *Sic*.

garçons gagés exprès pour glapir éternelle-
ment à tes trousses[1]. » J'ai trouvé cet illustre
commerçant mentionné aussi dans *La révolte
des passemens*[2], ainsi que dans le *Mercure
galant* de 1673, qui le nomme Périgon[3]. Ce
grand homme demeurait rue de la Lanterne,
près de Saint-Denis de la Chartre, et avait
pour enseigne *Les quatre vents*.

A cette époque le centre du commerce de
la mercerie était dans la rue Saint-Denis, la
rue des Lombards et la rue du Petit-Lion[4],
et l'on citait parmi les principaux merciers
de Paris : les sieurs Maillet, *Aux trois mail-
lets* ; Le Bray, *A la gibecière* ; Bioche, *Au cheval
d'or* ; Nique, *Au cheval noir* ; Deplanc, *A la
boëte d'or* ; Regnault, *Aux trois agneaux* ; Sau-
vage ; Marcadé ; Milochin, etc.[5] Au siècle
suivant, le mercier le plus fameux se nommait La Frénai, et avait une boutique au
Palais ; « il a été quelque temps en si grande
renommée, dit Nemeitz[6], que rien n'a passé

---

[1] Acte II, scène v. — Dans le *Théâtre de Gherardi*,
t. III, p. 483.

[2] Dans Éd. Fournier, *Variétés historiques*, t. I, p. 235.

[3] Tome III, p. 286.

[4] Auj. réunie à la rue Tiquetonne.

[5] *Le livre commode pour* 1692, t. II, p. 19.

[6] *Le séjour de Paris*, p. 598.

pour joli et galant dans l'esprit des petits
maîtres et des personnes du sexe s'il n'étoit
sorti de la boutique de La Frénai. »

Un peu avant la Révolution, la mode avait
adopté le *Petit-Dunkerque*, magasin situé à
l'angle du quai Conti et de la rue Dauphine. Il
avait pour propriétaire un sieur Granchez,
habile homme qui eut un des premiers l'idée
et l'honneur d'établir chez lui l'usage du prix
fixe. « Granchez, dit sa carte d'adresse [1], tient
le grand magasin curieux de marchandises
françoises et étrangères en tout ce que les arts
produisent de plus nouveau, et vend sans
surfaire en gros et en détail. » Sébastien Mercier nous a laissé une assez curieuse description de cette maison où l'on rencontrait souvent Voltaire :

Le Petit-Dunkerque étincelle de tous ces bijoux
frivoles que l'opulence paie, que la fatuité con-
voite, que l'on donne aux femmes honnêtes qui
n'acceptent point de l'argent, mais bien des colifichets en or, parce qu'ils ont un air de décence.

De nombreux tiroirs sont remplis de mille baga-
telles, où le génie de la frivolité a épuisé ses formes
et ses contours. Le prix de la façon vaut dix fois le
prix de la matière. L'or a pris toutes les couleurs ;

---

[1] Reproduite dans Reiset, *Livre-Journal de Mme Eloffe*,
t. I, p. 278.

le crystal, l'émail, l'acier sont des miroirs taillés à
facettes, et les enfantillages de l'industrie délicate
sont là sur leur trône.

Nos petits seigneurs prennent ces petits bijoux à
crédit, les distribuent d'un air de nonchalance.
Dans les premiers jours de l'année, la boutique
est remplie d'acheteurs; on y met une garde. Ne
faut-il pas pouvoir dire en étalant une boîte : *c'est
du Petit-Dunkerque*. Chaque année, on baptise ces
petits bijoux d'un nom particulier et bizarre.

Il faut rendre justice au goût du maître. Il anime,
il dirige les artistes, il imagine ce qui doit plaire.
En donnant la vogue à plusieurs colifichets, il a
fait travailler dans la capitale ce qu'on étoit obligé
de faire venir à grands frais de l'étranger. La bijou-
terie a fait plus de progrès, depuis qu'il a mis sous
les yeux du public des modèles élégans et variés,
qu'elle n'en avait faits depuis longtems.

D'ailleurs, chez lui le prix des bijoux est fixe et
invariable; et si la rivalité fait dire aux autres marchands qu'on paie le double au *Petit-Dunkerque,*
c'est la jalousie qui parle. La grâce et le fini des
bijoux ne les rendent pas là plus chers qu'ailleurs.

Voltaire, lors de son dernier séjour à Paris, se
plaisoit beaucoup dans le riche magasin de cette
maison curieuse. Il sourioit à toutes ces créations
du luxe [1].

Le bureau de la corporation des merciers
était situé rue Quincampoix. Il fut agrandi en

[1] *Tableau de Paris,* chap. **555**, t. VII, p. 81.

1660 par l'achat d'une maison appartenant à une demoiselle Collot, qui la vendit 34,500 livres[1].

Les merciers s'étaient placés sous le patronage de saint Louis, dont ils célébraient la fête le 25 août. Antérieurement au quatorzième siècle, les compagnons merciers avaient fondé sous la même invocation une confrérie spéciale, qui se rassembla d'abord aux Quinze-Vingts[2] et plus tard à la Sainte-Chapelle[3].

La confrérie des maîtres merciers se réunissait à l'église du Saint-Sépulcre. Vers 1672, elle quitta la chapelle Saint-Vult de Lucques, et fut transférée au chœur de la même église.

En 1674, Louis XIV, cherchant partout de l'argent, proposa à la riche corporation des merciers de lui attribuer le premier rang dans les *Six-Corps* si elle lui prêtait cinquante mille livres. Les merciers repoussèrent cette offre, et envoyèrent la somme sans condition[4]. Le roi la leur restitua après la conquête de la

[1] Voy. Saint-Joanny, *Registre des merciers de Paris*, p. 58, 72 et 96.

[2] Voy. une charte d'octobre 1320, publiée par G. Fagniez, *Études sur l'industrie*, p. 282.

[3] Le Masson, *Calendrier des confréries*, p. 69.

[4] *Mémoires secrets* dits de Bachaumont, 23 janvier 1770, t. V, p. 52.

Franche-Comté, et le fait parut si extraordinaire que la communauté voulut en perpétuer le souvenir. Elle commanda au célèbre Lebrun un tableau destiné au chœur du Saint-Sépulcre, et qui « devoit estre un monument éternel de la magnificence du roi. » Santeul[1] et Corneille[2] ont célébré cet événement et le talent de l'artiste. Celui-ci, peignant Jésus-Christ sortant du tombeau, représenta Colbert soulevant un des coins du linceul.

La confrérie faisait dire chaque année plus de vingt messes. Les plus importantes étaient celles qui solennisaient la fête de saint Louis, l'élection des jurés, l'Épiphanie, etc.

---

[1] *Regi, pro sua erga urbis mercatores amplioris ordinis encomium,* dans les *Opera* de Santeul, 1698, in-8°, p. 2.

[2] . . . . A ces mots ce vainqueur,
Sur son peuple en vray père épanchant son grand cœur,
Fait prendre ces présens, qu'un léger intervale
Renvoye accompagnez de sa bonté royale.
« C'est assez, poursuit-il, d'avoir veu vostre amour;
La tendresse du mien veut agir à son tour.
Pour rendre cette guerre à ses auteurs funeste,
Sujets dignes de moy, j'ay des thrésors de reste;
J'en ay de plus seurs mesme et de beaucoup plus grands
Que ceux que vous m'offrez, que ceux que je vous rends :
J'ay le fond de vos cœurs, et c'est de quoy suffire
Aux plus rares exploits où mon courage aspire. »
Au Roi, sur sa libéralité envers les marchands de la ville de Paris. — La corporation fit faire de ces deux pièces une édition in-folio, dont un exemplaire est conservé à la bibliothèque Mazarine, n° 274 A⁹, pièce 77.

Lors du décès d'un membre de la communauté, on plaçait sur le cercueil un poêle de
velours violet brodé et semé de fleurs de lis
d'or, dont les cordons étaient tenus en général par les jurés. En 1596, la peste ayant
éclaté à Paris, la corporation décida « que,
attendu les maladies de contagion qui courent
à présent, le poisle et le corset seront enfer-
més au Bureau, et qu'ils ne seront baillés à
personne jusques à ce que le tems soit changé;
et que les maistres et gardes différeront à
porter le coing des poisles aux enterremens.
des membres de la communauté[1]. » Les obsè-
ques étaient suivies d'un banquet, qui avait
ordinairement lieu aux environs de Paris ; on
supprima cette coûtume en 1674.

Le Bureau avait des pauvres attitrés qu'il
soutenait de ses charités. A la fin du dix-septième siècle, le nombre de ces pauvres était
fixé à cent, et chacun d'eux recevait quarante
sous par mois[2].

Un méreau trouvé dans la Seine, et dont le
dessin a été publié par M. Forgeais[3], représente saint Louis, debout, nimbé, revêtu des

---

[1] Saint-Joanny, p. 12.
[2] Saint-Joanny, p. 181.
  Numismatique des corporations parisiennes, p. 138

ornements royaux, tenant d'une main le
sceptre, et de l'autre un objet qui semble être
une bourse, avec ces mots : SAINT LOUIS AUX
MERCIÉS. Le revers porte les armes de France
surmontées de la couronne royale, et cette
légende : LEN MIL CCCC ET IX.

La corporation des merciers eut d'abord
pour armoiries : *D'azur, à un saint Louis d'or,
tenant une main de justice semée de fleurs de lis
de même.* En 1629, ils demandèrent à la municipalité de leur en accorder de nouvelles.
Le 6 juin de cette année, le Bureau de la Ville
présidé par le prévôt des marchands Guillaume Sanguin, permit « au corps des marchans merciers, grossiers et jouailliers de
cestedicte ville d'avoir en leurdict corps et
communauté pour armoiries : *trois nefs d'argent à bannière de France, un soleil d'or à huit
rais en chef entre deux nefs, lesdites armoiries en
champ de sinople*, et telles quelles sont cy-
dessus emprainctes[1]. Lesquelles nous avons
données, arrestées et concédées audict corps
desdicts marchans merciers, grossiers et jouailliers, pour s'en servir en leurdict corps à tous-

---

[1] Elles sont restées en blanc dans le registre. On les
trouve reproduites à la fin de la pièce de Corneille que j'ai
citée p. 46.

jours et perpétuité, tant aux ornemens de leur
chappelle que en touttes les autres occasions
qu'ils en auront besoing, mesmes pour attacher aux torches et cierges.qui seront donnez
par ledict corps pour servir aux enterremens
et services de ceux dudict corps qui seront
déceddez. Sans qu'ilz puissent pour jamais en
changer, ny blasonner autrement que comme
elles sont cy-dessus figurées. Faict et donné
au Bureau de ladicte ville, le mardy sixiesme
jour de juin MVI^e XXIX [1]. » En dépit de l'interdiction faite par la municipalité, ces armoiries
furent blasonnées autrement dans l'*Armorial
général* de 1696 [2], qui les décrit ainsi : *De
sinople, à trois vaisseaux équipés et les voiles
enflées d'argent, voguant chacun sur une onde
de même, et portant une·bannière de France au
grand mât, et un chef d'azur chargé d'un soleil
d'or et entouré d'une nuée d'argent, mouvante
des deux angles du chef et pendante en feston.*
Au-dessus du soleil figurait la devise : *Te toto
orbe sequemur* [3], en français *nous te suivrons par*

[1] Archives nationales, carton H 1803, f° 155.

[2] Bibliothèque nationale, manuscrits français, t. XXV,
p. 457.

[3] C'est la plus fréquente, mais j'en ai rencontré d'autres,
les deux suivantes notamment : *Gemino gens nota sub axe*
et *Magno cum fœnere reddit.*

toute la terre, « comme si, dit Savary[1], les marchands merciers vouloient faire entendre que leur commerce se doit étendre par tout l'univers, et depuis l'orient jusqu'au couchant représentez par le soleil. » Cette interprétation paraîtra tout à fait vraisemblable si l'on veut bien se rappeler ce que j'ai dit du commerce des merciers au début de cet article.

———

Maintenant que j'ai établi la filiation de nos grands magasins de nouveautés, nous allons parcourir leurs comptoirs, en recueillant au passage tout ce qui peut contribuer à faire connaître les mœurs, les usages, les coutumes de nos ancêtres. Le présent volume est destiné à donner une vue d'ensemble sur l'histoire du vêtement proprement dit. Nous passerons ensuite en revue les autres rayons, la lingerie, la bonneterie, la mercerie, la chapellerie, la cordonnerie, la draperie, la soierie, la ganterie, la parfumerie, etc., etc.

Les communautés ouvrières tiendront ici une grande place; je dois donc, pour éviter

———

[1] *Dictionnaire du commerce*, t. II, p. 713.

les redites, rappeler d'un mot quelle était leur organisation.

On nommait *communauté, corporation, corps de métier, métier juré* l'association, reconnue par l'État, d'individus exerçant la même profession. Le corps de métier avait ses privilèges, ses charges, sa hiérarchie. Il réglait lui-même sa discipline, exposée dans des statuts rédigés en commun, et auxquels chaque membre de l'association jurait obéissance. Ces statuts, une fois approuvés par le souverain ou son représentant, avaient force de loi vis-à-vis de tous les citoyens. La corporation constituait ainsi une personne morale, capable d'acquérir, d'aliéner, de faire tous les actes de la vie civile.

La corporation se composait essentiellement :

1° D'apprentis.

2° De valets, compagnons ou ouvriers.

3° De maîtres.

4° De jurés ou gardes.

Tout individu admis dans la corporation devait servir comme apprenti pendant un laps de temps fixé, avant d'être reçu valet ou ouvrier.

Le compagnonnage apparaît seulement vers

la fin du quinzième siècle. Jusque-là tout apprenti ayant fait son temps pouvait aussitôt s'établir.

Ses années de compagnonnage achevées, l'ouvrier possesseur d'un capital suffisant devenait aspirant à la maîtrise. La principale condition pour l'obtenir était la confection du *chef-d'œuvre* ou, dans certains cas déterminés, de son diminutif, l'*expérience,* épreuve beaucoup plus facile.

Les jurés ou gardes, élus en général par la corporation tout entière, défendaient ses droits auprès du prévôt de Paris, chef direct des communautés ouvrières. Dans les occasions solennelles, avènements, entrées, mariages de rois, naissances de Dauphin, processions religieuses, etc., l'ensemble des corps de métiers était représenté par les jurés des six plus importants d'entre eux, que l'on désignait sous le nom de *Les Six-Corps*[1].

---

[1] Pour de plus amples détails sur l'organisation des communautés ouvrières, voy. *Comment on devenait patron.* — Sur la manière dont étaient levées les *Tailles* que je cite souvent, voy. *Les médecins.* — Sur les *Six-Corps,* voy. ci-dessus, p. 34.

LE VÊTEMENT

CHAPITRE PREMIER.

LES TREIZIÈME ET QUATORZIÈME SIÈCLES

L'industrie du vêtement et les principaux vêtements portés durant cette période : le doublet, le hoqueton, le gipon. — Les braies. — Le brayer. — « Être tranché jusqu'au brayer. » — Les braies attribut de la virilité : « porter le brayer. » — La suprématie féminine, du treizième au dix-septième siècle. — Bigorne. — Les braies deviennent caleçon. — Sens du mot *couturier*. — Les chausses et les bas. — Les fourrures. — Le pourpoint.
Les tailleurs de robes, leurs statuts. — Sens des mots *robe* et *garnement*. — Origine de la livrée. — La housse, le surcot, la cotte, la cotte hardie. — Le corset. — La finesse de la taille regardée comme une beauté. — Les tournures postiches. — Le décolletage. — Portrait d'une jeune Parisienne au quatorzième siècle. — *Le roman de la rose*. — Charles V très simple dans ses vêtements. — Luxe des femmes sous son règne. — Le vêtement court et collant devient à la mode. — La jaquette et la houppelande. — Causes de la défaite de Crécy d'après les chroniques de Saint-Denis, et de la défaite de Poitiers d'après Guillaume de Nangis. — Les tailleurs de la Cour. — Nouveaux statuts des tailleurs.

Nous sommes au treizième siècle, vers la fin du règne de saint Louis, un prince sérieux et éclairé, qui n'avait aucun goût pour la toilette, comme le prouvent plusieurs faits édifiants racontés par Joinville[1]. Ses sujets se montraient sur ce point moins indifférents, les femmes surtout, car Jacques de Vitry leur reproche l'élégance de leurs vêtements et la richesse superflue des bijoux dont elles se paraient[2].

Nos couturières et nos tailleurs étaient alors représentés par plusieurs corps d'état, et chacun d'eux tirait son nom du vêtement dont il avait la spécialité. Je trouve ainsi mentionnés :

1° Les DOUBLETIERS, faiseurs de doublets.

2° Les HOQUETONNIERS OU AUQUETONNIERS, faiseurs de hoquetons.

3° Les GIPONNIERS, faiseurs de gipons.

4° Les BRAALIERS DE FIL, faiseurs de braies.

5° Les POURPOINTIERS, faiseurs de pourpoints.

6° Les CHAUSSETIERS, faiseurs de chausses.

7° Les TAILLEURS DE ROBES, faiseurs de robes et autres vêtements à l'usage des deux sexes.

8° Les PELLETIERS.

---

[1] Voy. entre autres, édit. de 1868, p. 12, 239 et passim.

[2] « Mulieres non solum in superfluitate vestium, in auro et margaritis et veste preciosa... » Jacobus de Vitriaco, *Historia occidentalis*, édit. de 1597, p. 269.

Auxquels on peut ajouter encore :

9° Les COUTURIERS, couseurs de vêtements.

10° Les FRIPIERS, revendeurs de vêtements ayant été déjà portés.

11° Les RAFRESCHISSEURS ou raccommodeurs.

Quel était le nombre des maîtres composant chacun de ces métiers ? Les dénombrements de la population faits en 1292 et en 1300[1] fournissent les chiffres suivants :

	Taille de 1292.	Taille de 1300.
Tailleurs[2].	125	160
Hoquetonniers. . . .	4	»
Braaliers.	6	2
Chaussetiers. . . .	61	48
Tailleurs de robes. .	15	27
Couturiers.	57	121
Pelletiers.	214	344
Total	482	702

Donc, sans compter les fripiers et les rafraîchisseurs qui ne fabriquaient point, 482 chefs d'industrie en 1292 et 702 en 1300 se partageaient la confection des vêtements d'hommes et de femmes. Mais il importe de remarquer que chacun d'eux occupait très peu d'ou-

---

[1] Voy. les registres de ces *Tailles.*

[2] Sous ce titre sont compris les doubletiers, les giponiers, les pourpointiers, et peut-être d'autres petits corps d'état qui ont échappé à mes recherches.

vriers [1]. Quelques lignes consacrées à ces différents métiers vont nous permettre de passer
en revue les principales pièces dont se composait alors l'habillement, et nous profiterons
de l'occasion pour signaler certains traits de
mœurs bons à recueillir.

Doubletiers. On nommait doublet une sorte
de longue camisole, commune aux deux sexes
et qui recouvrait la chemise. Fait de coton,
de toile, de soie ou de drap, le doublet était
aussi appelé *futaine* [2] ou *blanchet,* et les gens
du peuple sortaient souvent sans autre vêtement sur le torse.

En 1360, le roi Jean offrit « un blanchet
double » à Jehan, son fou [3]. Le blanchet est
encore mentionné au quinzième siècle dans
La farce de Pathelin [4]. Durant l'hiver, on le
remplaçait ou on le renforçait par le *peliçon* ou
pelisson, chaud pardessus qui, comme son nom
l'indique, était fait de pelleteries.

Les doubletiers se fondirent de très bonne
heure dans la corporation des pourpointiers.
Dès 1323, les statuts accordés à ces derniers

---

[1] Voy. *Comment on devenait patron,* p. 82 et passim.

[2] On nommait aussi *futaine* une étoffe mi-partie fil et
coton.

[3] Douët-d'Arcq, *Comptes de l'argenterie,* p. 223.

[4] Édit. de 1723, p. 7.

les autorisent à confectionner des doublets[1].

HOQUETONNIERS. On appelait hoqueton, au-
queton, gambeson, gambaison ou cotte gam-
baisée le doublet destiné aux hommes d'armes.
Il se portait sous le haubert ou cotte de mailles
et était fortement rembourré d'ouate. C'est
même de là qu'il tirait ses différents noms ;
gambois ou gambais en vieux français signi-
fiaient bourre, et les statuts donnés aux pourpointiers en juin 1323 leur enjoignent de
mettre au moins trois livres de coton dans
chaque hoqueton[2]. Le hoqueton, toujours
piqué et rembourré, devint par la suite un
vêtement de dessus à l'usage des militaires et
des civils, des femmes comme des hommes.

Les recensements de 1300 et de 1313 ne
citent aucun hoquetonnier, probablement
parce que cette petite communauté était déjà
réunie soit aux courtepointiers, faiseurs de
couvertures piquées, soit aux pourpointiers.

GIPONIERS. Le gipon, gippon ou jube était
une espèce de tunique qui, ajustée sur le
buste, en dessinait les formes. Au quatorzième
siècle, on voit ce vêtement prendre le nom
de jupon, mot qui, jusqu'au dix-septième

[1] Articles 6 à 11.
Article 10.

siècle, ne cessa de désigner dans le costume
masculin un vêtement du torse.

BRAALIERS DE FIL. Les braies constituaient
une sorte de culotte. Pendant la domination
romaine, la partie des Gaules comprise entre
le Rhône, la Garonne et les Pyrénées était
nommée *Gallia braccata,* parce que tous les
habitants de cette contrée portaient des braies.
Celles-ci descendaient par-dessus les chausses [1]
jusqu'au cou-de-pied et avaient beaucoup de
ressemblance avec nos pantalons actuels. Mais,
au treizième siècle, les chausses étant portées
fort longues, montant presqu'à mi-cuisse, les
braies s'accourcissent, deviennent une façon
de haut-de-chausses, mot qui d'ailleurs n'existe
pas encore.

Les braies étaient ordinairement en toile,
et les ouvriers qui les confectionnaient s'intitulaient braaliers de fil. On trouve pourtant mentionnées des braies en soie, en drap
et même en peau. Ces dernières étaient la
spécialité d'une autre corporation, celle des
boursiers [2].

Vers 1268, les huit maîtres braaliers établis
à Paris soumirent les statuts de leur commu-

[1] Les bas.
[2] Voy. le *Livre des métiers,* titre LXXVII, art. 6.

nauté à l'homologation du prévôt Étienne
Boileau[1]. On y lit que chaque maître pouvait
avoir un nombre illimité d' « apprentiz et
d'apprentisses ; » ces dernières étaient plus
spécialement chargées de la couture[2]. L'apprenti s'engageait pour six ans, et payait
chaque année dix sous à son maître ; l'apprentie servait deux ans seulement, aux mêmes
conditions[3].

Les braies se fixaient sur les hanches au
moyen d'un cordon à coulisse appelé *braiel,
braier* ou *brayer*[4]. Aussi les trouvères ont-ils
une formule consacrée lorsqu'ils veulent dé-
peindre un combattant pourfendu par son
adversaire : ils écrivent qu'il est « tranché jusqu'au brayer. » Dans *La chanson de Roland,*
Olivier brandit Halteclere, sa bonne épée, et
coupe en deux le Sarrazin Climorin, ainsi
que son cheval Barbamusche :

> Tot le porfent deci tant qu'au braier,
> Par mi le cors trenche le bon destrier [5].

---

[1] *Livre des métiers,* titre xxxix.

[2] Article 7.

[3] Article 4.

[4] Voy. le *Glossaire* de Ducange, aux mots *bracæ* et
braiel.

[5] *Roncisvald,* publié par Bourdillon, p. 73. — Cf. L. Gau-
tier, *La chanson de Roland,* vers 1509.

Les braies, vêtement essentiellement masculin, passaient pour l'attribut de la virilité.
L'on disait des femmes maîtresses au logis
que, dans le ménage, c'étaient elles qui « portaient le brayer, » expression venue presque
intacte jusqu'à nous. L'origine de ce dicton
paraît remonter au fabliau *De sire Hain et de
dame Anieuse*[1], dont l'auteur est un trouvère
français du treizième siècle nommé Hue. Il
nous montre les deux époux se disputant la
possession du brayer qui, après une résistance
aussi longue qu'honorable, finit par demeurer
aux mains de sire Hain. Peut-être abusa-t-il
de cet avantage, car *L'évangile des quenouilles*
fournit aux ménagères maltraitées un sûr
moyen d'adoucir leur époux : « Se une femme
veult estre au dessus que son mari ne la batte,
il fault prendre toutes ses chemises ; et quand
le curé lit la Passion le vendredi, les mettre
dessoubz l'autel, et lui faire vestir le dimence
ensuivant. Sachiez que tant qu'il aura vestu
ceste chemise, il sera à sa femme doulx et
courtois[2]. »

Au seizième siècle, le mot brayer a changé

[1] Dans Barbazan, *Fabliaux et contes*, 1656, in-18, t. III,
p. 39.
[2] Édit. elzév., p. 74.

de sens, il désigne un bandage herniaire[1] ;
mais l'imagination des poètes a créé *Bigorne*,
un animal fantastique *qui mange tous les*
hommes qui font le commandement de leurs
femmes[2] :

> Bigorne suis en Bigornoys,
> Qui ne mange figues ne noys,
> Car ce n'est mye mon usage.
> Bons hommes qui font le commant
> De leurs femmes entièrement
> Sont si bons pour moy que c'est rage.
> Je les mange de grant courage.
> C'est un bon mès. Pour abréger,
> Bons hommes sont bons à manger.

Le « bon homme » demande grâce, expose
à Bigorne ses doléances, lui dépeint le carac-
tère intraitable de sa femme :

> Si je dis nuf, elle dit naf,
> Si je dis buf, elle dit baf.
> Toute malice en elle abonde.
> Elle est en tout mal si parfonde
> Que nuyt et jour ne fait que braire.

Mais Bigorne ne connait pas la pitié.

Il serait injuste d'appliquer ce portrait à
toutes les femmes du seizième siècle. Une

---

[1] Voy. les *Variétés chirurgicales.*
[2] C'est le titre complet d'une plaquette rarissime qui date
des premières années du seizième siècle.

autre plaquette, contemporaine de *Bigorne* et
presque aussi rare, le *Mirouer des femmes ver-
tueuses,* nous tranquillise sur le sort réservé
aux maris de ce temps-là. J'y découvre cette
réponse charmante faite par une femme « à son
seigneur, » dit le texte : « Avant que j'entrasse
en ta maison, jé desvestis mes robes et aussi
mes voulentés, et vestis les tiennes. Quoy que
tu veulx, doncq je vueil. » Cette adorable sou-
mission était-elle sincère, ou n'y faut-il voir
qu'une ruse destinée à affermir un pouvoir
que de franches résistances eussent pu compromettre ? Le dix-septième siècle eût sans
doute penché vers cette seconde hypothèse,
car voici ce qu'écrivait, vers 1699, l'historien
italien J.-P. Marana pendant son séjour en
France : « A Paris, les femmes n'enfantent
que des braves et commandent plus que les
hommes... Elles ont le privilège de commander à leurs maris et de n'obéir à personne[1]. »

Quand Marana s'exprimait ainsi, il y avait
longtemps que les braies, détrônées par le
haut-de-chausses, étaient réduites au rôle de
caleçon. Jean Nicot les définissait ainsi en
1606 : « Chausses courtes de lin ou d'autre

---

[1] *Lettres d'un Sicilien,* édit. V. Dufour, p. 11 et 20.

toile, que l'on porte sous les chausses par net-
teté[1]. »

COUTURIERS. Malgré de longues et conscien-
cieuses recherches, je n'ai pu établir d'une
façon précise le sens de ce mot. Je pense toutefois, qu'au début surtout, les couturiers
étaient des *couseurs*, chargés de faire toute
espèce de couture, et plus spécialement de
coudre les objets taillés (on dit aujourd'hui
coupés) par les lingères, les gantiers et les
tailleurs.

En effet :

1° L'article 6 des statuts des tailleurs de
robes, homologués vers 1268, distingue
ceux-ci des couturiers[2].

2° Les *Tailles* de 1292, de 1300 et de 1313
mentionnent séparément les couturiers et les
tailleurs.

3° Chez les pourpointiers, la durée de l'apprentissage, fixée à six ans, était réduite à
deux ans pour tout ouvrier couturier, en raison
de son habileté à coudre, « pour ce qu'il sçait
de l'aguille, » dit l'article 2 des statuts de
1323.

4° Les articles 194 et 195 de la grande

---

[1] *Thrésor de la langue françoyse*, p. 90.
[2] *Livre des métiers*, titre LVI, art. 6.

ordonnance du 30 janvier 1350[1] visent les
« tailleurs et cousturiers. » Ils fixent, en
outre, le prix à payer pour la façon d'une
« robe-linge[2] d'homme » ou d' « une chemise
de femme. »

5° La corporation des lormiers se composait, au quatorzième siècle, des lormiers proprement dits et des couturiers de lormerie[3].
Les premiers faisaient les éperons, les mors,
etc., tandis que selon toute apparence, les
seconds confectionnaient les rênes, les étri-
vières, etc., qui exigeaient un travail de couture.

6° Il ne peut y avoir aucun doute sur le
sens du mot *couturière* à cette époque. Comme
on le verra plus loin, l'acception actuelle date
de la fin du dix-septième siècle. Jusque-là,
les tailleurs seuls eurent le privilège d'habiller
les femmes, et les couturières ne furent que
des couseuses ou des lingères.

---

[1] Dans les *Ordonn. royales*, t. II, p. 350.

[2] Je ne saurais dire quelle différence l'ordonnance prétend établir entre les robes-linges et les chemises. Au quatorzième siècle, ces mots sont pris l'un pour l'autre; mais il
semble qu'ici, le premier désigne spécialement les chemises
d'hommes.

[3] Voy. Depping, *Ordonn. relatives aux métiers de Paris*,
p. 361.

7° Dans la liste des *artisans suivant la Cour*[1] qui fut dressée en 1725 figurent 28 tailleurs et 8 cousturiers[2].

8° Sous le Bas-Empire, la confection des vêtements était l'œuvre de deux industries distinctes, celle des *sarcinatores* et celle des *bracarii*. Les premiers ne mettaient la main qu'aux vêtements flottants, ceux qui demandaient seulement à être ourlés, cousus ; les autres avaient le monopole des vêtements ajustés composés de plusieurs pièces et d'une exécution compliquée[3].

Il n'est pas moins vrai que :

1° Les lettres patentes de septembre 1358[4] assimilent les couturiers aux doubletiers, et les autorisent à confectionner certains vêtements dont ces derniers avaient eu jusque-là le privilège : attendu, dit le texte, que « yceulx cousturiers se connoissent miex[5] es cousture et *es taille* que ne font les doubletiers. »

2° L'ordonnance dite *des Bannières*[6] men-

---

[1] Sur cette classe d'artisans, voy. *Comment on devenait patron*, p. 244 et suiv.

[2] Dans les statuts de la corporation des gantiers, 1772, in-12, p. 265 et 269.

[3] Voy. J. Quicherat, *Histoire du costume*, p. 60

[4] Dans les *Ordonn. royales*, t. III, p. 362.

[5] Mieux.

[6] An. 1467. — Dans les *Ordonn. royales*, t. XVI, p. 671.

tionne les couturiers, les pourpointiers, les
fripiers, etc., et ne parle point des tailleurs.

3° On lit dans la *Farce des cris de Paris :*

> Or prens le cas qu'ung cousturier
> Veult *tailler* de gris ou de vert
> Une grand robbe, à drap ouvert,
> Et puis il *coult* ses pièces ensemble [1].

4° Dans la *Farce du cousturier*, celui-ci se
vante en ces termes :

> Il n'y a, par Dieu, cousturier
> Pour tailler un habit honneste.
> Et fust pour vestir à la feste
> Plus propre que moy en la ville [2].

5° En 1556, la municipalité réclama aux
cousturiers une pièce de canon qui avait été
fondue, aux frais du métier, par ordre du roi.
Cette pièce portait « l'image de la Trinité[3],
avec des ciseaux de tailleurs, et cette inscrip-
tion : *Aux maistres tailleurs de Paris*[4]. »

6° Dans *La nouvelle fabrique des plus excellens
traits de vérité,* par Philippe d'Alcrippe, on lit

---

[1] An. 1548. — Dans l'*Ancien théâtre françois*, t. II,
p. 320.

[2] An. 1550. — Dans l'*Ancien théâtre françois*, t. II,
p. 159.

[3] Patronne des tailleurs.

[4] Voy. A. Tuetey, *Registres des délibérations du Bureau
de la Ville*, t. II, p. 231.

qu'un « soldat avoit baillé du drap au cousturier pour lui faire un habit[1]. »

7° Enfin, Henri Estienne écrivait vers 1580 :
« PHILAUSONE. Ne sçavez-vous pas que ceux
qu'on appelet autresfois cousturiers, depuis
quelques ans ont esté appelez tailleurs? —
CELTOPHILE. On n'en usoit pas ainsi quand je
partis de France, ou bien je l'ay oublié. » Et
plus loin : « Il me souvient du poure[2] mot
cousturier, qui a esté banni et en la place
duquel on a mis tailleur[3]. »

Il faut sans doute conclure de tout ceci que
les cousturiers représentaient les *sarcinatores*
du Bas-Empire; mais que, simples couseurs,
ils empiétaient souvent sur le domaine des
tailleurs. Dans la langue populaire, les mots
couturier et tailleur étaient souvent pris l'un
pour l'autre, et ils devinrent ainsi peu à peu
synonymes.

CHAUSSETIERS. Au moyen âge, le mot *chauces*
ou *chausses* désigne toujours la partie du costume qui couvre les jambes et que nous nommons aujourd'hui des bas. Je reviendrai donc

---

[1] Vers l'an. 1579. — Biblioth. elzév., p. 118.

[2] Pauvre.

[3] *Dialogues du langage françois italianisé*, édit. Liseux,
t. I, p. 207 et 285.

sur la petite corporation des chaussetiers
quand je raconterai l'histoire des bas [1]. Je dirai
seulement ici qu'au quinzième siècle, les
chausses portées très longues s'élevèrent jusqu'à une sorte de court caleçon à braguette
qui prit le nom de *haut-de-chausses*, tandis que
les chausses devenaient *bas-de-chausses* et par
abréviation *bas*. Ces deux pièces, successivement modifiées suivant les exigences de la
mode, constituent dès lors la culotte courte
et les bas, tels qu'ils sont venus jusqu'à
nous.

L'invention des bas tricotés et leur attribu-
tion à une nouvelle communauté ruinèrent
celle des chaussetiers, qui s'éteignit vers le
début du dix-septième siècle. Ses dépouilles
furent partagées entre trois autres corporations : les drapiers obtinrent le droit de faire
et vendre les chausses en drap, serge, dro-
guet et autres tissus de laine, ainsi que celles
de toile peinte ; le commerce des chausses de
toile non teinte fut attribué aux lingères, et
les tailleurs purent confectionner des chausses
de la même étoffe que les habits qui leur
étaient commandés. Drapiers et tailleurs ajou-

---

[1] Dans l'article consacré à la bonneterie.

tèrent dès lors le titre de chaussetiers à l'ancien nom de leur corporation.

PELLETIERS. Jusqu'à la fin du quatorzième siècle, il se fit une inconcevable consommation de fourrures. J'ai dit qu'il y avait à Paris 214 pelletiers en 1292 et 344 en 1300; on n'y comptait, à la première de ces dates, que 19 drapiers, et 56 à la seconde. L'énorme disproportion qui existe entre ces chiffres permet de conclure que le drap était encore à cette époque une étoffe de luxe, tandis que les fourrures et les peaux servaient de vêtements aux personnes de toutes conditions.

Un roi qui n'était pas un prodigue, Philippe le Long usa, durant le second semestre de l'année 1316, pour la fourrure de ses costumes 6,364 ventres de petit-gris[1]. En 1370 Philippe le Hardi fait entrer dans trois de ses manteaux 1,000 peaux de menu-vair et 1,170 de petit-gris[2]. En 1403, lors de la naissance du petit duc de Bourgogne, on em-

---

[1] *Compte de Geoffroi de Fleuri, argentier de Philippe le Long*, p. 11 et 12.

[2] Le petit-gris était fourni par le dos de l'écureuil du nord. Pour obtenir le menu-vair, on faisait alterner des bandes grises de son dos avec des bandes blanches de son ventre.

ploya 1,200 hermines pour la couverture de son berceau[1].

Je consacrerai un article spécial à la fourrure.

POURPOINTIERS. Le pourpoint, qui joue un si grand rôle dans l'histoire du costume, date de la fin du treizième siècle. C'était une sorte de justaucorps qui serrait le buste et se laçait alors par devant.

Je ne crois pas que les pourpointiers aient été constitués en corporation avant le quatorzième siècle. Ce qu'il y a de certain, c'est que, le 20 juin 1323, les quatorze maîtres pourpointiers établis à Paris présentèrent leurs statuts[2] au prévôt Jean Loncle, en lui demandant de les homologuer.

Tout pourpointier, avant de s'établir, devait payer douze sous au roi et quatre aux jurés de la corporation[3].

Chaque maître ne pouvait avoir à la fois plus de deux apprentis[4].

---

[1] Voy. *Itinéraires de Philippe le Hardi et de Jean sans peur*, p. 483 et 569.

[2] Publiés avec les statuts des tailleurs, page 11 de l'édition de 1763. M. G. Fagniez, croyant ces statuts inédits, les a réimprimés, p. 373 de ses *Études sur l'industrie*.

[3] Article 1.

[4] Article 5.

La durée de l'apprentissage était de six ans, réduite à deux ans pour les ouvriers couturiers et à quatre ans pour les ouvriers pelletiers [1].

Tout pourpoint devait porter, au collet, la marque spéciale du maître chez qui il avait été confectionné [2].

Chaque dimanche une boutique de pourpointier restait ouverte à tour de rôle [3].

Le métier était surveillé par deux jurés [4].

Le privilège accordé aux ouvriers pelletiers provenait de ce que les pourpoints étaient parfois garnis de fourrures. Quant à l'ouvrier couturier, il devait, comme nous l'avons vu, cette préférence à sa science de l'aiguille.

Tout ouvrier pourpointier entrant chez un maître était tenu de payer à ses nouveaux camarades d'atelier, pour droit « de bonne venue, » deux ou trois sous parisis, que tous ensemble allaient dépenser au cabaret : « et pour ce, délaissent leurs besoignes à faire, vont boire en tavernes, d'où advient souvent entre eulx noises et contemps [5]. » Des lettres

---

[1] Article 2.
[2] Article 12.
[3] Article 13.
[4] Article 15.
[5] Disputes.

patentes de décembre 1406 remplacèrent cette redevance par un versement de huit deniers, dont le produit dut être consacré à secourir les pauvres du métier et à fonder en leur faveur deux lits à l'hôpital Sainte-Catherine [1].

Un siècle et demi plus tard, en 1467, il y avait à Paris vingt-six maîtres pourpointiers. Le 24 juin, le prévôt Audoyn Chauron apporta quelques modifications à leurs statuts [2]. Le métier dès lors s'acheta vingt sous, dont quinze allaient au roi et cinq aux jurés [3]. Le nombre des apprentis devint illimité [4] et celui des jurés fut porté à trois [5].

Le 28 juillet 1655, les pourpointiers se réunirent aux tailleurs, qui purent ainsi joindre à leur titre primitif celui de pourpointiers.

TAILLEURS DE ROBES. Les tailleurs de robes du treizième siècle, ayant successivement absorbé à peu près tous les métiers qui s'occupaient de la confection des vêtements, doivent être regardés comme les ancêtres directs de nos couturières et de nos tailleurs actuels.

---

[1] *Ordonn. royales,* t. IX, p. 167.
[2] *Ordonn. royales,* t. XVI, p. 581.
[3] Article 1.
[4] Article 2.
[5] Article 18.

M. Quicherat nous apprend[1] que, dès le huitième siècle, les tailleurs contemporains de Charlemagne étaient renommés pour la précision avec laquelle ils savaient conduire les ciseaux dans l'étoffe, et faire des habits qui s'adaptaient parfaitement à la forme du corps. Au quatorzième siècle, le buste d'un homme bien mis ne devait pas laisser voir un seul pli ; le plus souvent, on faisait, à force d'ouate, un estomac bombé au doublet, au gipon ou au pourpoint.

Mais du douzième au quatorzième siècle, la robe fut le principal vêtement des hommes et des femmes, au moins dans la classe aisée ; ce fut même celui que portaient les gens de guerre quand ils quittaient leur armure. A cette époque, la ressemblance entre l'habillement des deux sexes est si grande qu'il n'est pas toujours facile de distinguer l'un de l'autre. Les tailleurs de robes, qui conservèrent jusqu'à la fin du dix-septième siècle le privilège d'habiller les hommes et les femmes, représentaient donc l'aristocratie du métier.

Les statuts qu'ils soumirent, vers 1268, à l'homologation d'Étienne Boileau donnent des

---

[1] *Histoire du costume,* p. 107

détails assez précieux pour l'histoire des
mœurs au treizième siècle [1].

L'ouvrier qui voulait s'établir devait prouver d'abord qu'il connaissait le métier, ensuite
qu'il possédait un capital suffisant, « qu'il
sache fère le mestier et il ait de coy [2]. »

Les jurés n'admettaient un nouveau maître
qu'après avoir « veu et regardé s'il est ouvrier
suffisant de coudre et de tailler [3]. »

Chaque maître pouvait avoir un nombre
illimité d'apprentis et d'ouvriers, et régler
comme il l'entendait les conditions de l'apprentissage [4].

Les tailleurs avaient le droit de travailler à
la lumière [5].

Le métier était surveillé par trois jurés [6].

Les maîtres étaient astreints au service du
guet. Mais abusivement, disent-ils [7]; et en
effet la plupart des corporations qui travaillaient pour la noblesse ou le clergé en étaient
dispensées.

---

[1] *Livre des métiers*, titre LVI.
[2] Article 1.
[3] Article 3.
[4] Article 2.
[5] Article 9.
[6] Article 8.
[7] Article 9.

L'étoffe était presque toujours fournie au tailleur par le client. Aussi le tailleur qui manquait la coupe d'un vêtement devait-il indemniser celui-ci. En outre, comme par sa maladresse, il avait compromis la réputation de la communauté, il était tenu de payer une amende de cinq sous, dont trois allaient au roi et deux aux jurés, « pour les povres de leur mestier soustenir. » Le litige était soumis aux jurés et réglé par eux [1].

Le même article nous montre que la *coupe* alors s'appelait *taille,* d'où est venu le nom de tailleur. On rencontre aussi dans ces statuts une expression qui demande à être expliquée, celle de *garnement.* Très souvent, le mot *robe* ne désignait pas un vêtement spécial, mais un habillement complet, dont chaque pièce était appelée garnement. Ainsi, au quatorzième siècle, une *robe* présentable comprenait au moins quatre garnements [2] : la

---

[1] Article 5.

[2] Suivant Littré, à qui je laisse toute la responsabilité de cette assertion, ce serait là l'origine du mot garnement appliqué de nos jours aux mauvais sujets. « On suit sans peine, écrit-il, la transformation des sens. D'abord, ce qui garnit, ornement, armure, vêtement ; puis ce qui défend, défenseur ; de là appliqué à une personne, bon garnement, mauvais garnement ; et enfin, le mot se spécialisant tout à fait et perdant son sens favorable, mauvais sujet. »

cotte, le surcot, le mantel et le chaperon. Le
jour de Noël 1316, Philippe V s'offrit une
robe comptant sept garnements de drap
fourrés de menu-vair. Savoir :

1 housse.
1 manteau.
1 surcot ouvert.
2 surcots clos.
2 chaperons [1].

Les nobles, les chevaliers attachés aux
grands seigneurs étaient habillés par eux et à
leurs couleurs ; c'est ce que l'on appelait *être des
robes* ou *aux robes* de tel personnage. Les hauts
fonctionnaires recevaient les leurs du roi [2].

---

[1] On nommait housse un manteau qui paraît n'avoir figuré
que dans le costume masculin.

Il était plus ample que le surcot. Celui-ci figurait une
longue robe tombant jusqu'aux pieds. Le surcot clos se bou-
tonnait par devant. Il différait du surcot ouvert en ce que
ce dernier avait, à la place des manches, deux fentes qui
allaient de l'épaule à la ceinture. Le surcot ouvert se mettait souvent par-dessus le surcot clos.

Quant à la cotte, vêtement de dessous, elle ne descendait
ordinairement que jusqu'aux genoux, et se laçait parfois sur
le côté.

La cotte hardie ou cotardie était encore un long vêtement
de dessus. En général, on portait le surcot dans l'intérieur
et la cotardie pour sortir.

Le chaperon était confectionné par les chapeliers, je n'ai
donc pas à m'en occuper ici.

[2] Voy. Ducange, aux mots *liberatio* et *roba*.

Saint Louis, ayant su qu'un certain nombre
de ses officiers hésitaient à le suivre en Orient,
fit broder de larges croix rouges sur les robes
qu'il leur livra suivant la coutume : ils se
crurent dès lors engagés d'honneur à accompagner leur maître [1].

Ces livraisons de vêtements faites à époques
fixes se nommaient *livrées*, et le mot est resté
dans la langue avec un sens à peu près ana-
logue. Les *robes* étaient ordinairement livrées
la veille ou le jour des grandes fêtes ; de là
les expressions *robes de Pâques, robes de la
Toussaint, robes de Noël*, cette dernière fête
en avait même pris le nom et était dite *jour
des robes neuves*. En dehors des époques
fixées, les dons de ce genre s'appelaient *robes
hors livrées*. Étienne de la Fontaine, argentier
du roi Jean, écrit dans son compte de 1351 :
« A Robert de Nisy [2], pour fourrer une cote
hardie hors livrée, une fourreure de menuvair
tenant 386 ventres... » Et plus loin : « pour
fourrer une robe de quatre garnemens que
ledit seigneur eut à la feste S. Jehan Baptiste :
pour les deux surcots, deux fourreures de

[1] Matthæus Parisiensis, *Chronica majora*, an. 1245,
édit. Luard, t. IV, p. 502.
[2] Pelletier du roi.

menuvair, chascune de 386 ventres ; pour manches et poignez, 60; pour le corps de la houce, 440 ; pour le chaperon, 110 [1]. » En 1316, la petite Marguerite, fille de Philippe V, avait reçu le jour de la Toussaint une robe, de trois garnements, auxquels on ajouta un corset rond et une pelisse de fourrure [2]. Brantôme, parlant des jolies filles d'honneur dont s'entourait Catherine de Médicis, dit encore que « le roy et les reynes leur donnoient de grandes livrées [3] : »

Le corset, que je viens de citer, n'avait aucun rapport avec le nôtre. C'était un vétement de dessus à l'usage des deux sexes, moins long, mais aussi ample que le surcot, souvent fendu sur le côté et à manches [4].

[1] Douët-d'Arcq, *Comptes de l'argenterie,* p. 99.
[2] *Ibid.,* p. 32.
[3] Édit. Lalanne, t. V, p. 398.
[4] « C'était une courte tunique sans manches, » dit M. Quicherat, p. 242; mais cette assertion est contredite par plusieurs documents contemporains. On lit, en effet, dans le compte de l'argentier Geoffroi de Fleuri pour l'année 1316 : « Pour madame Blanche, fille le Roy, pour un corset de camelin, ouquel il ot une fourreure tenant 124 ventres, et 12 ventres pour les manches... » Et dans le compte d'Étienne de la Fontaine pour 1352 : « Pour les fourreures d'un corset ront d'escarlate pour madame la royne de Navarre, une fourreure de menuvair de 160 ventres, et pour les manches 24 ventres. » (Douët-d'Arcq, p. 43 et 177.)

Toutefois, c'est précisément au quatorzième siècle que l'on commença en France à considérer la finesse de la taille et la raisonnable ampleur de la poitrine comme une beauté. De là, l'adoption par les coquettes d'une large ceinture, alors appelée *bandeau,* où l'on pourrait voir l'origine de notre corset actuel. Fortement serrée à la taille au moyen d'un lacet, elle remontait assez pour soutenir les seins, en même temps qu'elle étreignait le milieu du torse, rendu ainsi plus flexible et plus mince. Je lis dans *Le roman de la rose* :

> Et si les seins elle a trop lourds,
> Qu'un bandeau vienne à leur secours,
> Dont sa poitrine fasse étreindre
> Et tout autour ses côtes ceindre,
> Puis attacher, coudre où nouer [1].

Comme cela paraissait charmant, et qu'avant tout il fallait suivre la mode, les femmes à qui la Providence n'avaient rien donné à maintenir usèrent d'un artifice dont le secret s'est fidèlement transmis de siècle en siècle : elles faisaient coudre à la chemise ou au vêtement de dessous certains coussinets rembourrés, piqués, et disposés de manière à imiter la nature.

Celles-là pouvaient encore espérer plaire,

---

[1] Édit. elzév., t. III, p. 237.

mais elles devaient renoncer à passer pour de
véritables élégantes. On n'avait droit à ce titre
que si l'on se décolletait, si l'on portait une
robe ou un surcot largement ouverts, non
seulement sur la poitrine, mais encore dans le
dos :

> Belle gorge a-t-elle et cou blanc?
> Que le ciseau d'un coup savant
> Avec tant d'art la décolète
> Que sa chair luise blanche et nette
> Demi-pied derrière et devant.
> Il n'est rien d'aussi séduisant [1].

Un trouvère de la fin du treizième siècle,
Robert de Blois, blâme cette coutume mal-
séante, et ajoute que les femmes ne se bor-
naient pas à laisser voir leur gorge et leurs
épaules, qu'elles découvraient aussi leurs
jambes et même leurs flancs :

> De ce se fet dame blasmer
> Qui seut [2] sa blanche char monstrer
> A ceux de qui n'est pas privée.
> Aucune lesse deffermée [3]
> Sa poitrine, pour ce c'on voie
> Comme fetement [4] sa char blanchoie.

---

[1] *Roman de la rose*, t. III, p. 235.
[2] Qui a l'habitude de... — Du verbe latin *solere*.
[3] Découverte.
[4] De quelle façon.

Une autre lesse tout de gré
Sa char apparoir au costé,
Une de ses jambes descuevre :
Prudhom ne loe pas ceste œuvre [1].

N'oublions pas de dire que ces ouvertures
étaient en partie défendues par des *affiches*,
c'est-à-dire des broches, des agrafes, des épingles. Mais le sévère moraliste à qui nous devons
toutes ces indiscrétions n'en recommande pas
moins aux femmes de ne permettre à nul
homme, sauf à leur mari, d'introduire leur
main dans les endroits si mal protégés :

Gardez qu'à nul home sa main
Ne laissiez metre en vostre sain,
Fors celui qui le droit i a.
Sachiez qui primes controuva
Afiches [2], que por ce le fist
Que nus hom sa main n'i méist
En sain de fame où il n'a droit.

Il leur donne encore d'autres sages conseils.
Ne vous laissez embrasser sur la bouche que
par votre mari. Quand vous êtes dehors, ne
portez pas vos yeux de-ci de-là, mais regardez
tout droit devant vous, et saluez débonnaire-
ment les amis que vous rencontrez :

---

[1] *Le chastiement des dames.* Dans Méon, *Fabliaux et
contes*, édit. de 1808, t. II, p. 187.

[2] Sachez que celui qui inventa les épingles.

Après vous di que de sa bouche
Nus hom à la vostre ne touche
Fors cil à cui vous estes toute.
Sovent regardez ne devez
Nul home, se vous ne l'avez
Par droite amor. .   .   .   .
Si ne musez [1] ne çà ne là,
Tout droit devant vous regardez.
Chascun que vous rencontrerez
Saluez débonèrement.

Ce tableau demande encore à être complété.
Si vous voulez voir passer dans la rue une élégante petite Parisienne du quatorzième siècle,
ouvrons de nouveau *Le roman de la rose*, précieuse encyclopédie des sentiments et des
mœurs de cette époque [2] :

Mais bien se soit avant mirée
Pour savoir s'elle est bien parée.
Et quand à point se sentira,
Par la rue elle s'en ira
A belles et fières allures,
Non pas trop molles ni trop dures,
Humbles ni roides, mais partout
Gentille et plaisante surtout.

[1] Flânez, regardez.
[2] Édit. elzév., t. III, p. 249, vers 14,271 et suiv. Je cite
toujours la version littérale de M. Pierre Marteau. On sait
que ce long poème, commencé au treizième siècle par Guillaume de Lorris, fut achevé au siècle suivant par Jean de
Meung. L'œuvre se compose de 22,000 vers, et les 4,000
premiers seulement sont de Guillaume de Lorris.

Les épaules, les hanches meuve
Si noblement que l'on ne treuve
Femme de plus beau mouvement,
Et marche jôliettement
Sur ses élégantes bottines,
Qu'elle aura fait faire si fines,
Ses pieds moulant si bien à point
Que de plis on n'y trouve point.
Et si sa robe traîne à terre
Sur le pavé, que par derrière
Elle la lève, ou par devant,
Comme pour prendre un peu de vent ;
Ou, comme sait si bien le faire,
Pour démarche avoir plus légère,
Sa retrousse coquettement
Et découvre son pied charmant,
Pour que chacun passant la voie
La belle forme du pied voie.

Charles V aimait la simplicité dans les vêtements. Il ne souffrait pas qu'autour de lui, les
hommes portassent des souliers à la poulaine[1]
ni les habits trop courts dont je parlerai tout
à l'heure. Il ne voulait pas non plus que les
femmes se serrassent trop la taille, « ne
femmes cousues en leurs robes trop estrain-
tes. » Néanmoins, la reine possédait de riches
atours et changeait de costume plusieurs fois
par jour, suivant l'usage de la Cour : on

---

[1] Voy. l'article consacré à la cordonnerie.

la voyait « par diverses heures du jour abis rechangez pluseurs foiz, selon les coustumes royales [1]. » Son exemple était suivi, ce dont bien des maris soupiraient. Aussi, le chevalier de La Tour Landry, écrivant [2] un traité destiné à l'éducation de ses filles, s'efforce-t-il de les prémunir contre les tendances au luxe et à la coquetterie :

Mes filles, n'imitez pas ces femmes qui, en voyant une robe ou un atour de nouvelle forme, s'empressent de dire à leur mari : « Seigneur, je vous prie que j'en aie; telle ou telle en a, j'en puis bien avoir. Sire, l'on me dit que telle a telle chose qui trop bel et trop bien lui sied, je vous prie que j'en aie. »

Plus loin, il leur raconte la vie de sa première femme, qui ne paraît pas lui avoir laissé de bien vifs regrets. Quand elle fut morte, écrit-il, elle comparut devant saint Michel assisté du diable. Ils avaient une balance. D'un côté, saint Michel mettait le bien qu'elle avait fait ; de l'autre, le diable entassait ses péchés, ses mauvaises paroles, ses « anneaulx et petits joyaux, » surtout ses robes : « Ha, saint

---

[1] Christine de Pisan, *Le livre des fais et bonnes meurs du sage roy Charles,* édit. Michaud, t. I, p. 614.

[2] Vers 1370.

Michiel, ceste femme avoit dix paires de robes, que longues que courtes, et vous savez bien qu'elle en eust assez de la moitié moins... » Tout bien pesé, « ses maulx passèrent ses bien faits. » Le diable l'emporta. Il lui fit revétir toutes ses robes et y mit le feu, « et la povre âme plouroit et se doulousoit[1] moult piteusement[2]. »

Vers le milieu du quatorzième siècle, le costume se métamorphosa. Fait très ordinaire dans son histoire, la mode passa presque subitement d'un extrême à l'autre. Les longs et amples vêtements en faveur depuis le règne de Philippe-Auguste se virent tout à coup détrônés par les plus courts et les plus étriqués qui se puissent porter. En effet, l'on ne parvenait qu'à grand'peine à les entrer, et une fois boutonnés ils dessinaient les formes avec une exactitude dont la pudeur avait bien quelque droit de s'offenser. Sous le nom de *jaquet* ou *jaquette*, le surcot était devenu une étroite camisole qui n'atteignait pas les genoux. Pour habit de dessous, l'on portait un pour-

---

[1] Se plaignait. L'Académie a encore admis le verbe *se douloir* dans sa dernière édition.

[2] *Le livre du chevalier de La Tour Landry*, édit. elzév., p. 102 et 106.

point ou un gipon, justaucorps serré par devant sur la poitrine à l'aide d'un rang de boutons. Les chausses, collantes comme le reste du costume, montaient très haut, et le bon ton voulait que chaque jambe fût d'une couleur distincte. La housse avait été remplacée par la houppelande, sorte de robe de chambre traînant jusqu'à terre, et dont la jupe s'ouvrait par devant et par derrière. Le chaperon était devenu immense, sa cornette retombait sur le dos et sur les côtés, allait parfois battre les jambes comme une queue de bête. Les *Chroniques de Saint-Denis*, rédigées par des religieux bien pensants, n'hésitèrent pas à accuser ces modes bizarres d'avoir été la cause du désastre de Crécy en 1346 :

L'orgueil estoit moult grant en France, et meismement ès nobles et en aucuns autres, c'est assavoir : en orgueil de seigneurie, et en convoitise de richesse, et en deshonnesteté de vesteure et de divers habis qui couroient communément par le royaume de France. Car les uns avoient robes si courtes qu'ils ne leur venoient que aux nasches [1]; et quant il se baissoient pour servir un seigneur, il monstroient leurs braies et ce qui estoit dedens à ceux qui estoient derrière eux. Et si estoient si étroites qu'il leur falloit aide à eux vestir et au

---

[1] Aux fesses. — Du latin *nates*.

despoillier [1], et sembloit que l'en les escorchoit
quant l'en les despoilloit. Et les autres avoient
robes fronciées sur les rains comme femmes. Et si
avoient leurs chaperons destrenchiés [2] menuement
tout en tour. Et si avoient une chauce d'un drap et
l'autre d'autre. Et si leur venoient leurs cornettes
et leurs manches près de terre : et sembloient
mieux jugleurs [3] que autres gens. Et pour ce, ce ne
fu pas merveille se Dieu voult corriger les excès
des François par son flael [4] le roy d'Angleterre [5].

Dix ans plus tard, la défaite de Poïtiers eût
été due encore à la colère de Dieu, protestant
contre la magnificence déployée par les seigneurs dans leurs vêtements. Le continuateur
de Guillaume de Nangis nous les montre char-
geant de perles et de pierreries leurs capu-
chons et leurs ceintures, ornant de plumes
leurs coiffures [6]. Aussi, le chevalier de La
Tour Landry apprenait à ses filles et leur
« prouvoit par la saincte Escripture » que
quand les chrétiens font si grand étalage de

---

[1] Quand ils les ôtaient.

[2] A bords découpés. La mode en était toute récente.

[3] Bateleurs.

[4] Son fléau.

[5] Édit. Paulin Paris, année 1346, t. V, p. 462.

[6] « Perlas et margaritas in capuciis et zonis deauratis et
argenteis, deportare... gestare plumas avium in pileis adapta-
tas. » *Continuatio chronici Guillelmi de Nangiaco*, édit.
Géraud, t. II, p. 235.

toilettes extravagantes, Dieu s'irrite contre
le genre humain, et déchaîne sur lui « mor-
talité, grans guerres et déluges[1]. »

Christine de Pisan était tout à fait de cet
avis, et elle s'évertuait à censurer les vices
de son temps, les habitudes efféminées qu'a-
vait contractées une partie de la noblesse.
Combien de seigneurs, écrit-elle,

> . . . . . ne se lèveroient
> Devers le matin, s'ils n'avoient
> En hyver le feu bien à point,
> Et que on chauffast leur pourpoint,
> Et de varlès grant tas entour
> Pour les servir... [2].

Avant d'abandonner le quatorzième siècle,
revenons aux tailleurs de robes, complices de
tous les méfaits que j'ai racontés.

Nous avons vu que les *Tailles de* 1292 et *de*
1300 mentionnent seulement, l'une 15 et
l'autre 27 tailleurs de robes. Ils étaient cependant au nombre de 75 au moins en 1293,
année où ils firent reviser les statuts de la
communauté. Leurs noms figurent en tête

---

[1] Page 104.
[2] *Le livre de mutatation de fortune*, manuscrit de la
Bibliothèque nationale, cité par Paulin Paris, *Les manuscrits françois*, t. V, p. 141.

de l'acte[1], et on peut y relever les suivants :

Jehan Viacor, *tailleur le Roy* [2].

Lambert, *tailleur madame la Royne* [3].

Robert de Sancheures, *tailleur aux enfans le Roy* [4].

Guillaume le Roi, *tailleur Mon Seigneur Challes* [5].

Guillaume de Rouam, *tailleur la Comtesse de Valois* [6].

Ymbert, *tailleur l'Evesque* [7].

Jehan, *le tailleur des Marmousetz* [8].

Geoffroy Lengevin [9].

Henry de la Huchette [10].

Robin Lenglois de Quiqu'en poit [11].

---

[1] *Statuts et ordonnances des marchands maîtres tailleurs d'habits, pourpointiers, chaussetiers de la ville, fauxbourgs et banlieue de Paris.* 1763, in-12.

[2] Philippe le Bel.

[3] Jeanne de Navarre.

[4] Philippe le Bel eut de Jeanne de Navarre sept enfants, quatre fils et trois filles.

[5] Troisième fils de Philippe le Bel. Il fut roi sous le nom de Charles le Bel.

[6] Femme de Charles, comte de Valois, troisième fils de Philippe le Hardi.

[7] Simon Matifas de Bucy était alors évêque de Paris.

[8] De la rue des Marmousets dans la Cité. Dès 1206, on la trouve nommée *vicus Marmosetorum*. Elle allait de la rue de la Juiverie au cloître Notre-Dame.

[9] De la rue Geoffroy-Langevin, qui existe encore. Elle portait ce nom dès le milieu du treizième siècle.

[10] De la rue de la Huchette, qui portait ce nom dès 1284. Elle existe encore.

[11] De la rue Quincampoix, qui existe encore. Elle portait déjà ce nom en 1210.

Herbert, *le tailleur du Temple* [1].

Ces nouveaux statuts diffèrent surtout des premiers par la manière dont fut réglé le choix des jurés. La surveillance du métier appartint à trois jurés dont l'un était préposé au quartier de la Cité, l'autre à la rive gauche et le troisième à la rive droite. Ces jurés étaient élus par huit maîtres du métier et agréés par le prévôt de Paris dans la forme ordinaire [2].

Leur nombre fut porté à quatre en 1366, et ces nouveaux statuts [3] ne limitent plus l'action des jurés dans des quartiers déterminés.

[1] Je donne ces noms tels qu'ils sont orthographiés dans une copie certifiée conforme en 1759 par Ladvocat, docteur et bibliothécaire de Sorbonne. Ils sont tout différents dans un texte publié en 1837 par M. G. Depping (*Ordonnances sur le commerce de Paris de 1270 à 1300*, p. 412). Jehan Viacor devient Jehan Victor, Robert de Sancheures devient Robert de Sauchevrel, Guillaume le Roi devient Guillaume Roussel, etc.

[2] J'interprète ainsi l'article 5, dont la rédaction est loin d'être claire. En voici le texte : « Il aura oudit mestier trois homes establis. C'est assavoir un deça les pons, un en la Cité et l'autre delà les pons, qui seront establis par le prévost de Paris en la manière dessus (*dessous?*) dicte. Lesqueux sis premiers des hommes (*Lesquels dits preud'hommes? preud'hommes est un nom souvent donné aux jurés*), huit du mestier esliront, et les présenteront au prévost de Paris ou à son commandement (*à son représentant*), qui recevra les seremens d'iceulx, qui garderont bien et loialment ledit mestier. »

[3] Dans les *Ordonn. royales*, t. VIII, p. 548.

De nouvelles revisions ou confirmations eurent encore lieu en décembre 1402[1], en août 1405[2], en octobre 1441[3], en septembre 1461[4], en juin 1467[5], en août 1484[6], en novembre 1511[7], en juillet 1566[8] et en juin 1583[9]. Je ne m'attarderai pas à relever les innovations qui furent ainsi introduites successivement au sein de la communauté, elles sont toutes résumées dans les statuts de 1660, dont je donnerai plus loin[10] une analyse détaillée.

[1] *Ordonn. royales*, t. VIII, p. 548.
[2] *Ibid.*, t. IX, p. 90.
[3] *Ibid.*, t. XIII, p. 338.
[4] *Ibid.*, t. XIX, p. 402.
[5] *Ibid.*, t. XVI, p. 654.
[6] *Ibid.*, t. XIX, p. 402.
[7] Bibliothèque nationale, manuscrits Delamarre *Arts et métiers*, t. IX, f° 114.
[8] *Ibid.*, t. IX, f° 117.
[9] *Statuts et ordonnances*, etc., p. 33.
[10] Voy. ci-dessous, le chapitre VI.

D'après Montfaucon.

CHAPITRE II

LE QUINZIÈME SIÈCLE

Le quinzième siècle n'innove guère, exagère tout. — Le costume de Jeanne d'Arc. — Le tabard et la huque, le caban et le paletot. — Étymologie du mot paltoquet. — Le costume du quinzième siècle jugé par Mathieu de Coucy et Guillaume Coquillart. — Les mahoitres et les braguettes. — Costume des femmes. — Longue queue des robes. — La troussoire. — Le décolletage. — Invectives des sermonnaires et des moralistes contre le luxe des femmes. — Le corset au quinzième siècle. — Les tournures postiches. — Le luxe à la Cour de Charles VI. Isabeau de Bavière. — Louis et Charles d'Orléans. — Dédain de Charles VII pour la parure. — Misère qu'il endure à Chinon et à Tours. — Le costume de Louis XI. En quel costume il veut être représenté sur son tombeau. — Le luxe à la Cour de Bourgogne. — Le poète Pierre Michault et *La variance en habits.* — Charles VIII aime la toilette, et sous son règne ce goût se répand dans toutes les classes de la société. — Doléances du poète Coquillart.

Le quinzième siècle, en fait de vêtements, n'innove guère. On les porte ou étriqués et collants, comme au siècle précédent, ou d'une longueur démesurée. La plupart des anciens noms sont conservés, quelques noms nou-

veaux surgissent. Un des crimes imputés à
Jeanne d'Arc, et le seul prouvé, fut de s'être
habillée en homme, chose abominable aux
yeux de Dieu. L'acte d'accusation lui reproche
de s'être fait couper les cheveux, d'avoir revêtu des chemises, des braies, des gipons, des
chausses d'une seule pièce attachées au gipon
par vingt aiguillettes[1], des tabards et des sur-
touts fendus sur les flancs ; même, le jour où
elle fut prise, elle était parée d'une huque en
drap d'or ouverte de tous côtés[2].

Le tabard était un manteau que les bourgeois portaient tantôt très long, tantôt très
court, et dont les chevaliers aimaient à recou-
vrir leur armure. Dans son *Grand testament*,
Villon partage en deux son tabard, et lègue
l'une des moitiés à des orphelins qui le ven-
dront pour se régaler de flans :

> Mon grant tabart en deux je fendz.
> Si vueil que la moictié s'en vende
> Pour eulx en achepter des flans,
> Car jeunesse est ung peu friande[3].

---

[1] « Camisia, braccis, gippone, caligis simul junctis, longis
et ligatis dicto gipponi cum XX aguilletis. » Article 12.

[2] Article 13. Voy. J. Quicherat, *Procès de Jeanne d'Arc*,
t. I, p. 220.

[3] Paragraphe cxix.

Au tabard on préférait parfois la huque qui, d'abord vêtement de femme, s'était transformée en casaque ouverte du haut en bas. Cette casaque était souvent munie d'un capuchon, de même que le caban, pardessus dont la forme n'a point changé et dont l'origine remonte au milieu du quatorzième siècle [1]. Notre paletot semble s'être montré vers le même temps [2], mais il ne fut définitivement adopté qu'au quinzième siècle [3]. Je serais tenté de croire que l'on s'en éprit surtout à la Cour de Bourgogne, car son nom revient fréquemment sous la plume d'Olivier de la Marche : « Le signeur de Ternant conduisit ce jour les archers du corps du duc [4], et portoit le paletot d'orfaverie qui moult bien luy séoit... Et après iceux venoyent douze archers, vestus de palletotz d'orfaverie blanche... Il avoit devant luy dix chevaliers de la Toison et deux autres escuyers vestus de palletots de drap d'or cramoisy [5]. » Quand Louis XI fit son entrée à

---

[1] Voy. le *Dictionnaire archéologique* de Gay, au mot *caban*.

[2] Voy. Ducange, v° *palata*.

[3] Voy. Ducange, v° *palt-rok*.

[4] De Bourgogne.

[5] Olivier de la Marche, *Mémoires*, liv. I, chap. VII; liv. II, chap. IV; édit. Michaud, t. III, p. 376, 523 et 543.

Reims en 1461, « princes et nobles, armés les aucuns, autres en palletos, » allèrent à sa rencontre[1].

Suivant Littré, le mot paletot viendrait du bourguignon *paltoquais,* qui signifiait paysan. L'on aurait dès lors appliqué l'épithète de *valtoquets* aux gens de peu, aux rustiques, aux aventuriers et aux goujats d'armée. Mais les citations d'Olivier de la Marche prouvent que le paletot était au contraire un vêtement très riche et très bien porté. C'était alors une espèce de pourpoint : « Les supplians issirent de la maison en leurs pourpoins ou palletocqs, » dit une charte de 1455[2]. Qu'il fut très court, l'on n'en peut douter, c'est la caractéristique du costume à cette époque ; à moins pourtant qu'il ne s'agisse de la houppelande ou de la robe, dont les dimensions avaient été ridiculement exagérées comme ampleur aussi bien que comme longueur. Sur ce chapitre, le chroniqueur laïque Matthieu de Coucy se montre aussi indigné au quinzième siècle, que l'avait été au quatorzième le religieux de Saint-Denis. Il écrivait vers 1467 :

---

[1] Georges Chastellain (historien flamand), *Chronique,* édit. Kervyn de Lettenhove, t. IV, p. 51.
[2] Dans Ducange, v° *palt-rok.*

D'après la traduction de Josèphe.

Paris, 1492

En ce temps là, les hommes se prindrent à vestir plus court qu'ils n'eurent oncques fait. Tellement que l'on veoit la façon de leurs c... et de leurs génitoires, ainsi comme l'on souloit vestir les singes : qui estoit chose très malhonneste et impudique. Portoient aussi à leurs pourpoints gros mahoitres à leurs espaules, pour monstrer qu'ils fussent larges par leurs espaules : qui sont choses moult vaines et paradventure fort haineuses à Dieu. Et qui estoit huyt court vestu, il estoit le lendemain long vestu jusques à terre. Et si estoit ceste manière si commune qu'il n'y avoit si petit compagnon qui ne se voulusist vestir à la mode des grans et des riches, fut long, fut court, non regardans au coust ne à la despence [1].

Le poëte Guillaume Coquillart, contemporain de Coucy, a rendu la même idée dans ces quatre vers :

> Varlets, cousturiers, peleurs d'aulnes [2],
> Paveurs et revendeurs de pommes,
> Ont longues robes de cinq aulnes
> Aussi bien que les gentilz hommes [3].

Matthieu de Coucy nous rappelle encore que le quinzième siècle se distingua par la passion qu'il mit à se procurer du beau linge,

---

[1] Matthieu de Coucy, continuateur de Monstrelet, édit. de 1572, t. III, p. 130. — Voy. aussi les *Mémoires* de Duclercq, édit. Michaud, t. III, p. 640.

[2] Faiseurs de paniers ?

[3] G. Coquillart, *Monologue des perruques*, édit. elzév., t. II, p. 287.

6.

et surtout à l'exhiber [1]. On ouvrait largement par le milieu les manches des pourpoints ét des robes, de telle façon que l'on montrait, au moins jusqu'au coude, le bras recouvert d'une fine toile de Hollande. On faisait aussi bouffer la chemise entre le haut-de-chausses et le pourpoint. Mais le beau linge était cher ; les galants plus riches de vanité que d'écus économisaient sur la finesse de la chemise et se contentaient de laisser voir un élégant mouchoir à la fente de leur pourpoint :

> Devant l'estomac proprement
> Le beau fin mouchouer de lin,
> Mais la chemise est bien souvent
> Grosse comme un sac de moulin [2].

Les mahoîtres, que j'ai mentionnés tout à l'heure, étaient de gros bourrelets rembourrés [3] et placés en haut des larges manches à gigot alors à la mode. Nommés *mahoîtres, maheutres,* etc., ils étaient destinés à donner plus de carrure aux épaules, et leur nom vient du mot *mahurtre* ou *mahutre,* qui en

---

[1] « Les hommes faisoient les manches fendre de leurs robbes et de leurs pourpoints, pour monstrer leurs chemises déliées, larges et blanches. » Tome III, p. 130.

[2] G. Coquillart, t. II, p. 291.

[3] « Ornamenta quædam tomento infarcita maniïcis vestium aptata. »

vieux français désignait cette partie du corps [1].

Une autre innovation, dont toute la gloire revient au quinzième siècle, est celle de la brayette ou braguette. Celle-ci eut pour objet de bien faire ressortir ce que le vêtement a surtout pour objet de dissimuler [2]. Jean Nicot la définit ainsi : « Braguette signifie cette petite partie des braies qui couvre et musse le membre honteux à l'homme [3]. » A l'entre-deux du haut-de-chausses, à la hauteur des aines, était attaché une espèce de sac, d'autant plus en vue que les chausses étaient alors tout à fait collantes. Ce sac s'y relia d'abord par des pattes appelées *loquets*. Les statuts accordés en mars 1472 aux chaussetiers de Poitiers exigent que « toutes chausses à braye et locquets soient bien garnies dedans et dehors [4]. » Aux loquets, les galants substituaient deux aiguillettes placées à droite et à gauche, en haut de la braguette.

Au siècle suivant, cet appendice présenta

[1] Voy. Ducange, v° *maheria*.

[2] « Ce vain modèle et inutile d'un membre que nous ne pouvons seulement honnestement nommer, duquel toutesfois nous faisons monstre et parade en public. » Montaigne, *Essais*, liv. I, chap. xxii.

[3] *Thrésor de la langue françoyse*, p. 88.

[4] *Ordonn. royales*, t. XVII, p. 568.

un aspect plus inconvenant encore ; on lui
donna l'apparence d'un arc-boutant[1], et on
le chargea d'ornements et de bijoux, afin d'y
mieux attirer les regards[2] : « Et fut la forme
de sa braguette comme d'ung arc boutant,
bien estachée joyeusement à deux belles boucles d'or que prenoyent deux crochetz d'es-
mail. » Celle-ci appartenait au costume de
Gargantua, et Rabelais ne dédaigne pas de
nous apprendre encore que Panurge exhibait
une « belle et magnificque braguette[3]. » Il
avait donc, aussi bien que son maître, droit à
la qualification de *braguard*, titre d'honneur
dont on gratifiait les damerets qui se distin-
guaient par l'ampleur et la magnificence de
leur braguette. Cette mode insensée fut abandonnée vers la fin du seizième siècle[4], et l'on

[1]   Il est vray que pour la brayette
    La mode en estoit moins honneste
    Alors que le dieu des jardins,
    Autrement père des humains,
    Monstroit par sa noble figure
    La puissance de sa nature.

(*Vers à la Fronde sur la mode des hommes*, 1650, in-4°,
p. 9.) — Voy. ci-dessous le portrait de Henri II et celui de
Charles IX.

[2] Voy. Montaigne, *Essais,* liv. III, chap. v.

[3] *Gargantua,* liv. I, chap. viii, et liv. III, chap. vii.

[4] La braguette ne figure plus sur le beau portrait de
Henri III que possède le Musée du Louvre.

CHARLES D'AMBOISE, amiral de France en 1508
D'après Montfaucon.

ne doit pas regarder comme en constituant une imitation la touffe de rubans que le dix-septième siècle plaça au même endroit.

Ce que l'on aurait vraiment peine à croire si sur ce point les documents n'abondaient, c'est qu'au temps de sa splendeur la braguette servait de poche. Les vraies poches n'apparaîtront qu'au siècle suivant, avec les chausses bouffantes. Au quinzième siècle, la braguette en tenait lieu. On y mettait son mouchoir, ses gants, sa bourse; on y mettait jusqu'à des fruits, qu'il n'était pas malséant d'offrir aux dames, sortant tout chauds d'un tel lieu. Écoutez le docteur L. Guyon :

Les chausses hautes estoyent si jointes qu'il n'y avoit pas moyen d'y faire des pochettes. Mais en place, ils portoyent une ample et grosse brayette, qui avoit deux aisles aux deux costez, qu'ils attachoient avec des esguillettes, une de chascun costé. Et en ce grand espace qui estoit entre lesdites deux esguillettes, la chemise et la brayette, ils y mettoyent leurs mouchoirs, une pomme, une orange ou autres fruicts, leur bourse; ou s'ils se faschoyent de porter des bourses, ils mettoyent leur argent dans une fente qu'ils faisoyent à l'extérieur, environ la teste et pointe de ladite brayette : et n'estoit pas incivil, estant à table, de présenter les fruicts conservez quelque temps en ceste brayette [1]

[1] *Diverses leçons*, etc., édit. de 1610, p. 236.

Guyon va maintenant nous édifier sur le costume que portaient les dames :

... Leurs robbes amples et plissées, dont les manches estoyent si amples qu'un bouc eust bien entré dedans, et une queue à leurs robbes, qui estoit communément longue de six pas. Et assembloyent souz icelles, quand elles les trainoyent par les grandes sales ou églises, force stercores [1] ou crottes de chiens, poussières, fanges, et autres saletez ; ou si elles ne les laissoyent traîner quand elles estoyent au bal, on leur attachoit ceste inutile queue sur le cropion avec un gros crochet de fer ou un bouton d'os ou d'ivoire. Et cela n'estoit sans beaucoup de charge et fatigue à celles qui les portoyent. Le soir, quand elles s'alloyent coucher, elles avoyent les jambes enflées, à cause du fais qu'elles portoyent en ce temps-là [2].

Le crochet de fer dont parle ici Guyon se nommait *troussoire*. Il avait la même destination et à peu près la même forme [3] que les *pages* actuels. Une cordelière [4] terminée par

[1] Ordures.
[2] Page 237.
[3] Voy. Viollet-le-Duc, *Dictionnaire du mobilier*, t. IV, p. 498.
[4]
     Mais entre les autres je y vis
     Dont l'une y donna ung bréviaire,
     Et l'autre ung calice à devis,
     Et sa dame une cordelière
     Pour luy faire une troussouaire.

(Martial de Paris, *L'amant rendu cordelier*, édit. de 1731, t. II, § ccxxix, p. 596).

une forte agrafe[1] servait à tenir relevée la
longue jupe de la robe. Ceci dit surtout pour
les opulentes bourgeoises, car l'immense
queue que traînaient après elles les princesses
n'eût pu être ainsi maintenue ; il fallait qu'un
page ou une dame d'atour, parfois même
deux ou trois dames d'atour, se chargeassent
de la porter.

Ces robes, si étoffées du bas, ne l'étaient
guère du haut ; on les décolletait de manière
à montrer le plus possible de la poitrine par
devant et une bonne partie du dos par derrière. Les jeunes gentilshommes ne s'en plaignaient pas, mais les sermonnaires et les moralistes en gémissaient. Du haut de sa chaire,
Olivier Maillart tonnait contre la coquetterie
des Parisiennes ; du fond de son cloître, un
austère Franciscain, Pierre des Gros, les adju-
rait de renoncer aux damnables pratiques par
lesquelles elles compromettaient leur salut et
celui des autres. De fait, les invectives de
Maillart ne paraissent pas les avoir beaucoup
émues, et quant au traité de Pierre des Gros,

---

[1] Elle était souvent en argent et parfois en or. Ducange
extrait ces mots d'une lettre de rémission datée de 1474 :
« Deux troussouères, l'une ferrée d'argent et l'autre ferrée
de boucles d'or ou au moins dorées. » V° *trossellus*.

respons que la couverture n'est que vanité, car
elles le couvrent d'ung drapeau si deslié que on voit
pleinement la char parmi[1]...

On voit que les femmes s'efforçaient tou
jours de faire fine taille. Pour y parvenir,
elles n'avaient rien inventé depuis le siècle
précédent. Elles continuaient à se serrer dans
des ceintures ou bandes d'étoffes dissimulées
sous ou sur la chemise. Martin Lefranc, un
poëte mort vers 1460, nous le révèle, et son
témoignage ne laisse guère place au doute.
Dans son *Champion des dames*, Malebouche,
qui maltraite fort les coquettes de son temps,
s'exprime ainsi :

Ne voy tu comment leurs frons tendent,
Visaiges et poitrines oingnent,
Dressent leurs mamelles qui pendent,
Drappeaulx entour elles estraindent
Ou à l'avantaige se saindent [2]
A faire apparoir plus beaulx rains [3].
Toutes telles besongnes faindent
Pour toy prendre aux fourches de rains [4].

[1] Voy. Paulin Paris, *Les manuscrits françois de la Bibliothèque du roi*, t. II, p. 156.

[2] Ceignent.

[3] Reins.

[4] *Le champion des dames, livre plaisant, copieux et
abondant en sentences, contenant la défense des dames
contre Malebouche et ses consorts, et victoires d'icelles.* La
première édition est sans doute de 1485. Je cite celle de
1530, f° cxvi.

respons que la couverture n'est que vanité, car elles le couvrent d'ung drapeau si deslié que on voit pleinement la char parmi[1]...

On voit que les femmes s'efforçaient tou jours de faire fine taille. Pour y parvenir, elles n'avaient rien inventé depuis le siècle précédent. Elles continuaient à se serrer dans des ceintures ou bandes d'étoffes dissimulées sous ou sur la chemise. Martin Lefranc, un poète mort vers 1460, nous le révèle, et son témoignage ne laisse guère place au doute. Dans son *Champion des dames*, Malebouche, qui maltraite fort les coquettes de son temps, s'exprime ainsi :

> Ne voy tu comment leurs frons tendent,
> Visaiges et poitrines oingnent,
> Dressent leurs mamelles qui pendent,
> Drappeaulx entour elles estraindent
> Ou à l'avantaige se saindent [2]
> A faire apparoir plus beaulx rains [3].
> Toutes telles besongnes faindent
> Pour toy prendre aux fourches de rains [4].

[1] Voy. Paulin Paris, *Les manuscrits françois de la Bibliothèque du roi*, t. II, p. 156.

[2] Ceignent.

[3] Reins.

[4] *Le champion des dames, livre plaisant, copieux et abondant en sentences, contenant la défense des dames contre Malebouche et ses consorts, et victoires d'icelles.* La première édition est sans doute de 1485. Je cite celle de 1530, f° cxvi.

Peut-être le poète fait-il ici allusion à une mode que nous avons vue reparaître de nos jours, celle des tournures postiches, chères déjà aux dames du quinzième siècle. L'indiscret Guillaume Coquillart nous a encore révélé ce mystère de leur toilette :

> Soubz grans robes fourrez de martres,
> Nos bourgeoises tiennent ces termes
> De façonner leurs cilz de cartes,
> Affin qu'ilz en semblent plus fermes [1].

Quant au corset, et j'entends par là le vêtement dont j'ai parlé dans le chapitre précédent, hommes et femmes n'y avaient point renoncé. Même, s'il faut en croire Martial de Paris, le vaillant Talbot fut tué par un archer qui enviait sa robe et son corset :

> Mais tout à coup ung franc archier,
> Qui Talebot ne congnoissoit,
> Le tua et fist detranchier,
> Pour avoir sa robbe et corset [2].

Le luxe inouï que déploya la cour de Charles VI passe pour y avoir été introduit par Isabeau de Bavière, femme du roi. « On lui donne le los, écrit Brantôme [3], d'avoir

---

[1] *OEuvres*, édit. elzév., t. I, p. 153. Voy. aussi la p. 183.
[2] *Les vigiles de Charles VII*, édit. Coustelier, t. II, p. 147.
[3] Tome VIII, p. 31.

aporté en France les pompes et les gorgia-
setez pour bien habiller superbement et gor-
giasement les dames. » Brantôme cherche à
l'en disculper et il a raison. Isabeau avait, en
effet, été élevée dans des habitudes de simplicité; mais elle les oublia bien vite. Trans-
portée au sein d'une Cour où régnaient le faste
et la débauche, elle se sentit aussitôt dans le
milieu qui convenait à sa nature, et elle n'eut
pas besoin d'un long apprentissage pour y
donner l'exemple des vices les plus honteux
et de désordres qui n'ont été dépassés par
aucune reine de France.

Jacques Legrand[1], religieux Augustin, s'é-
leva en chaire contre le luxe insolent déployé
par Isabeau, surtout contre celui des vêtements « dont elle avait été la principale insti-
gatrice[2]. » Partout, disait-il, votre conduite
est blâmée par les gens de bien. « Si vous ne
voulez m'en croire, parcourez la ville sous le
déguisement d'une pauvre femme, et vous
entendrez ce que chacun dit de vous[3]. » Il est

---

[1] Joannes Magnus.

[2] « Cujus inventrix regina fuerat principalis. »

[3] « Que si non velis credere, in habitu mulieris pauper-
cule eundo per civitatem, audies ab infinitis personis.... »
Chronique du religieux de Saint-Denis, édit. Bellaguet,
t. III, p. 268.

probable qu'elle ne s'en souciait guère. Mais
Legrand avait des imitateurs : le cordelier
Jean Petit, le carme Eustache de Pavilly ne
cessaient de dénoncer à leurs auditeurs la
dépravation de la reine et de ses femmes.

Quelques lignes, retrouvées dans un compte
de 1414, vont nous édifier sur le luxe dont
s'entourait alors la famille royale et sur l'in-
conscience dans laquelle elle vivait. En pleine
guerre civile, quand la France, menacée au-
dehors, est épuisée d'or et de sang, le duc
Charles d'Orléans, neveu de Charles VI, se
fait livrer neuf cent soixante perles destinées
à orner une robe : « Sur les manches est
escript de broderie, tout au long, le dit de la
chanson : *Madame, je suis plus joyeux*, et
notée tout au long sur chacune desdites deux
manches : 568 perles, pour servir à former les
nottes de ladite chanson, où il y a 142 nottes,
c'est assavoir pour chacune notte 4 perles en
quarré...[1] » L'année suivante, le roi d'Angleterre envahissait la France, rencontrait l'armée royale à Azincourt, et lui infligeait une
défaite restée célèbre.

Bon chien chasse de race. Ce Charles d'Or-

---

[1] Comte de Laborde, *Les ducs de Bourgogne*, preuves,
t. III, p. 267.

léans était le fils du duc Louis, roi de la galanterie et de la mode durant la démence de son
frère Charles VI. Bien que, de concert avec
Isabeau de Bavière, sa belle-sœur et sa maîtresse, il eût ruiné le pays par des Tailles
énormes et sans cesse renouvelées, il mourut
perdu de dettes et insolvable.

Charles VII n'avait aucun goût pour la
parure, mais il tolérait volontiers à sa Cour le
luxe des vêtements, surtout chez les femmes,
qui conservèrent toujours sur lui un grand
ascendant[1]. D'ailleurs, au début de son règne,
la pénurie des finances l'eut bien contraint à
la simplicité. Durant son séjour à Bourges et
à Chinon, sa misère était telle que, dans les
comptes de sa maison, on trouve cette mention : « Pour manches neuves remises à un
vieil pourpoint du Roy, 20 sols[2]. » Durant le
procès en réhabilitation de Jeanne d'Arc,
Marguerite la Touroulde déposa que son mari
Regnier de Boullegny, jadis receveur des
deniers royaux à Chinon, lui avait dit un jour
que « de l'argent du roi comme du sien, il

---

[1] « Par lesquelles il desvoya plus que assez, » dit George
Chastellain, *Chronique*, t. II, p. 185.

[2] Voy. G. de Cougny, *Notice sur le château de Chinon*,
1860, in-8°, p. 59.

n'avait pas en caisse plus de quatre écus[1]. »
Le fait suivant, attesté par un témoignage
semblable, est plus frappant encore. A Bourges,
un cordonnier apporte des bottes au roi. Pendant que Sa Majesté en essaye une, le cordonnier apprend qu'il ne pourra être payé comptant. Il se fait rendre les bottes, les emporte,
et le roi remet ses vieilles chaussures[2].

Son royaume reconquis, Charles VII resta
le même, casanier, timide, sans envie de briller. Lors du premier mariage de son fils, il
était en habit de cheval[3]. Il est juste de dire
que Charles arriva de Bourges le matin même
de la cérémonie[4], qu'en outre la future avait
alors treize ans et le Dauphin à peine quatorze. Tous deux, pourtant, avaient révêtu
« un habit royal. »

Louis XI était « très humble en parolles et

---

[1] « Nec de pecunia regis nec de sua habebat nisi quatuor
scuta. » *Procès de Jeanne d'Arc*, t. III, p. 85.

[2] « Et ay autrefois ouy dire qu'il fut en telle pauvreté, pour
le temps qu'il se tenoit à Bourges, que ung couvrexier ne
luy volt mie croire une paire de houzel, et qu'il en avoit
chaussez ung, et pour tant qu'il ne le pehut payer contant,
il luy redechaussit ledict houzel, et luy convint reprendre
ses vielz houzel. » *Procès de Jeanne d'Arc*, t. IV, p. 325.

[3] « Et ne fut le Roy en autre habit qu'en celui en quoy
il chevauchoit. » Jean Chartier, *Chronique de Charles VII*,
édit. elzév., t. I, p. 231.

[4] Le mariage eut lieu à Tours.

en habitz[1]. » ll « se habilloit fort court, et si
mal que pis ne povoit, et portoit ung mauvais
chappeau, différent des autres, et ung image
de plomb dessus. Les Castillans s'en moc-
quoient et disoient que c'estoit par chicheté[2].»
lls avaient bien un peu raison, mais la haine
du faste y était aussi pour quelque chose.
Après la mort de son père, lorsqu'il fit dans
Reims son entrée solennelle, il apparaissait
couvert d'un habit tout simple en damas blanc
et rouge, au milieu d'une escorte resplendis-
sante de velours, d'or et de pierreries[3].

Il entendait être enterré, non à Saint-Denis,
mais à Notre-Dame de Cléry, et il avait lui-
même réglé d'avance sa sépulture, commandé
son tombeau. Il voulait qu'on l'y représentât
en costume de chasseur, courte jaquette, hou-
seaux[4] sur des chausses collantes, son cor en
bandoulière et son chien à ses pieds[5]. Toutefois, condamné au repos sur la fin de sa vie,
« il se vestit richement, ce que jamais n'avoit
accoustumé auparavant, et ne portoit que

---

[1] Commines, *Mémoires,* édit. Dupont, t. I, p. 83.
[2] Commines, t. I, p. 166.
[3] Pierre Matthieu, *Histoire de Louis XI,* édit. de 1610,
p. 52.
[4] Longues bottes collantes.
[5] Commines, t. III, p. 339.

robbes de satin cramoisy, fourrées de bonnes martres[1] ; » c'était là fantaisie de vieillard qui cherche à se tromper soi-même, qui demande à la toilette un rajeunissement factice.

Au début de ce règne, le luxe banni de France s'était refugié à la Cour de Bourgogne. Le poète Pierre Michault, secrétaire du comte de Charolais devenu plus tard Charles le Téméraire, publia à Bruges en 1466 une sorte de manuel du bon ton[2], dans lequel il donne de précieux conseils aux jeunes gens qui veulent passer pour véritables braguards. Il leur recommande surtout *la variance en habits*. Chaque vétement ne doit être porté qu'un jour; celui du lendemain doit différer de celui de la veille, être tout au moins d'une autre couleur :

D'ung aultre point je vous veulx advertir
Qui se nomme variance en habitz,
C'est à dire qu'il vous convient vestir
Diversement, et tous les jours guerpir[3]
Vos vestemens, puis bleu, puis blanc, puis bis[4].

---

[1] Commines, t. II, p. 232.

[2] *Le doctrinal du temps présent*. Réimprimé à Genève en 1522 sous ce titre : *Le doctrinal de Cour*, etc. C'est cette dernière édition que j'ai consultée.

[3] Le sens le plus ordinaire du mot *guerpir* est *quitter, abandonner*.

[4] Folio cviii, verso.

En France, l'amour de la toilette, négligé sous Louis XI, prit sa revanche sous Charles VIII, souverain « petit de corps et peu entendu, » dit Commines[1]. Lors de son entrée à Milan, il était « vestu en habit impérial, d'un grand manteau d'escarlate, avec grand collet renversé, fourré de fines hermines mouchettées,... ayant sur la teste une riche couronne d'or à l'impérialle, garnie de force pierreries[2]. »

L'exemple donné à la Cour par le jeune roi ne fut point perdu, et l'on vit la petite bourgeoisie faire assaut de dépense avec la noblesse. Coquillart nous a révélé et il raille cette envie de paraître qui tourmentait alors toutes les classes de la société :

> A Paris en y a beaucoup
> Qui n'ont argent, vergier ne terre,
> Que vous jugeriez chascun coup
> Alliez aux grans chiefz de guerre.
> Ils se dient yssus d'Angleterre,
> D'ung costé d'ung baron d'Anjou,
> Parens aux séneschaulx d'Auxerre
> Ou aux chastelains de Poitou,
> Combien qu'ils soient saillys d'ung trou,
> De la cliquette d'ung musnier,

[1] Tome II, p. 540.
[2] Brantôme, t. II, p. 290.

Voire ou de la lignée d'ung chou,
Enfant à quelque jardinier.

. . . .

Une simple huissière ou clergesse
Aujourd'huy se présumera
Autant ou plus qu'une duchesse.
Heûreux est qui en finera !
Une simple bourgeoyse aura
Rubis, diamans et joyaulx,
Et Dieu scet s'elle parlera
Gravement en termes nouveaulx,
Afin d'estonner povres veaux [1] !

Autrefois, dit-il ailleurs, au temps où les
femmes s'habillaient simplement, il était
facile de se faire aimer d'elles ; aujourd'hui,
elles sont devenues plus ambitieuses, et il faut
être riche pour toucher leur cœur :

On a veu, les anciens jours,
Que on aymoit pour ung tabouret,
Pour ung espinglier de velours,
Sans plus pour ung petit touret.
Aujourd'huy, il fault le corset
Ou la trousoire d'ung grant pris,
Ou bailler dix escus d'ung tret,
Ou la robbe fourrée de gris [2].

---

[1] *OEuvres,* édit. elzév., t. I, p. 93.
[2] *Ibid., ibid.,* t. 1, p. 174.

CHAPITRE III

LE SEIZIÈME SIÈCLE, DE LOUIS XII A HENRI III

Le costume sous Louis XII. — Dernière apparition de la
robe. — La reine Anne peu favorable aux innovations en
matière de toilette. — Second mariage de Louis XII. —
Luxe déployé dans le tournoi donné à cette occasion. —
Le costume sous François Ier. — Origine du mot *chamarrer*. — L'épée prend place dans le costume civil. — Costume des femmes. Les jarretières, le corset, la vasquine
et la vertugade. — Henri II. — Le haut-de-chausses bouffant, le casaquin et la cape. — Montluc. — Le costume
d'un courtisan en 1555. — Jacques de Nemours, *lion* du
seizième siècle. — Le luxe à la Cour de François Ier. —
Largesses du roi aux dames. — Marguerite de Navarre tellement couverte de pierreries qu'elle ne peut marcher. —
Élisabeth, fille de Henri II, ne porte jamais une robe
deux fois. — Son trousseau de mariage. — La queue des
robes. — Une queue de vingt-quatre mètres. — Origine
et histoire des poches. — Ordonnance qui les interdit. —
Le gousset. — Les ridicules.

Au début du seizième siècle, la robe fait
une dernière apparition dans le costume masculin. Dès le règne de François Ier elle ne ser-
vira plus guère que comme déshabillé à l'intérieur, et elle viendra ainsi jusqu'à nous sous
le nom de robe de chambre. Le vêtement de

dessus reste assez court, presque collant, et
encore orné de la « joyeuse » braguette célé-
brée par Rabelais. Mais Louis XII est fort in-
différent en matière de toilette; c'est dans
l'entourage de son successeur présomptif, du
jeune et remuant comte d'Angoulême, que
s'annonce déjà une mode plus brillante.

La reine, sérieuse Bretonne, aime la simplicité et réprouve l'introduction à la Cour
de toilettes nouvelles. Jean Marot, son poète
attitré, nous le rappelle dans une pièce dont
voici les derniers vers :

> Garde toy bien d'estre l'inventeresse
> D'habitz nouveaux ; car mainte pécheresse
> Tantost sur toy prendroit son exemplaire.
> Si à Dieu veulx et au monde complaire,
> Porte l'habit qui dénote simplesse,
>   Honnestement [1].

Pourtant, n'exagérons rien. La sage Anne
de Bretagne ne s'habille pas comme une petite bourgeoise, et sa garde-robe est encore
mieux montée que ne saurait l'être celle
d'une princesse de nos jours. Sa filleule, Anne
de Vivonne ayant épousé François de Bour-
deille [2], elle « l'habilla superbement pour ses

[1] *Poésies* de Jean Marot, dans les œuvres de Clément
Marot, édit. 1731, tome V, p. 207.
[2] Qui fut père de Brantôme.

nopces, » puis par testament lui laissa « deux robbes de drap d'or, deux de toiles d'argent et deux de damas rayez d'or et d'argent[1]. »

Le bon roi Louis XII finit aussi par payer tribut à la mode. Quand, sur le tard, il commit la folie de se remarier, d'épouser Marie d'Angleterre, une jolie fille de dix-sept ans, il voulut, oubliant son âge et sa goutte, « faire du gentil compagnon avecques sa femme[2]. » Alors, il cessa de montrer mauvais-visage aux élégants, et approuva la magnificence déployée dans le tournoi donné à l'occasion de sa seconde union. On y vit le duc d'Alençon[3] « bardé tout de drap d'or par moitié et de velours noir découpé sur drap d'or. » Le page qui le précédait « étoit couvert, luy et son cheval, de drap d'or et de noir. » Le duc de Guise n'avait pas étalé moins de luxe ; on nous le représente « monté et accoustré de drap d'or découpé à ondes, et les bords de velours noir ; ses aydes accoustrez, une moitié de velours blanc, l'autre moitié de drap d'or

[1] Brantôme, t. X, p. 46.
[2] *Mémoires* de Fleurange. Voy. les *Variétés gastronomiques,* p. 101.
[3] Charles III, premier mari de Marguerite d'Angoulême, sœur de François 1er.

à ondes de velours blanc tout semé de lettres d'or[1]. »

Rabelais nous a donné la description du costume disgracieux en usage sous François I[er][2]. Pour les hommes, les chausses montaient en général au-dessus du genou ; bouffantes ou collantes, elles étaient « brodées, deschiquetées, » tailladées de mille manières. Le pourpoint l'était plus encore, représentait un fouillis de découpures, de pièces rapportées, de bariolages à éblouir les yeux. La saie, la casaque ou la chamarre recouvraient le pourpoint sans le cacher par devant. Ces trois vêtements étaient fort amples et avaient de très larges manches. La chamarre, formée de bandes d'étoffes[3] alternées et de diverses couleurs, devint plus tard le costume des laquais, parce qu'elle permettait de les habiller facilement aux couleurs de leur maître. C'est là l'origine du verbe *chamarrer*, qui passa dans la langue vers la fin du siècle suivant[4].

---

[1] *Le magnifique tournoy fait à Paris à l'entrée de la Reine Marie d'Angleterre, seconde femme de Louis XII.* Dans Vulson de la Colombière, *Le vray théâtre d'honneur et de chevalerie*, p. 181.

[2] *Gargantua*, liv. I, chap. LVI.

[3] Ordinairement soie et velours.

[4] Le chevalier de Gramont, arrivé à Abbeville au moment où va se célébrer une noce, voit arriver « trois grands cor-

La robe se porte encore, « autant précieuse comme celle des dames, » largement ouverte sur le devant, ne descendant que jusqu'aux genoux, faisant pressentir déjà le manteau court qui va la remplacer. Rabelais achève ainsi son tableau : « Les ceinctures, de soye, des couleurs du pourpoinct, chascun la belle espée au cousté, la poignée dorée, le fourreau de velours de la couleur des chausses, le bout d'or et d'orfebvrerie. Le poignard de mesme. » Il faut noter cet attirail guerrier qui, dès lors et pour longtemps, prend place dans le costume civil.

Cet ensemble constituait une tenue où la prétention l'emportait sur la grâce et la richesse sur le bon goût. On peut en dire autant de la toilette des femmes.

Leurs chausses, de couleur rouge, montaient au-dessus du genou de la hauteur « de troys doigts justement, et cette lisière estoit de quelques belles broderies et descoupures. Les jartières estoyent de la couleur de leurs braceletz, et comprenoient le genoil au dessus et dessoubz. »

billards [grands carrosses] comblés de laquais grands comme des Suisses et chamarrés de livrées tranchantes. » A. Hamilton, *Mémoires de Gramont,* édit. de 1776, t. I, p. 263.

« Au dessus de la chemise vestoyent la belle vasquine, de quelque camelot de soie. » Sous ce nom de *vasquine* ou *basquine*, nous rencontrons ici pour la première fois notre corset actuel. C'est, en effet, un corsage de toile épaisse qui serre fortement la taille et s'élargit jusqu'aux épaules en forme d'entonnoir. La cotte [1], bien tendue sur lui, le recouvre. La *vertugade* ou *vertugale* joue par en bas exactement le même rôle que la basquine par en haut. On pourrait y voir l'origine, soit de nos jupons empesés, soit d'une modeste crinoline. La jupe est tendue sur la vertugale comme le corsage sur la vasquine, et la femme s'élargit ainsi dans les deux sens à partir de la taille, ce qui lui donne à peu près l'aspect d'un sablier. Toutefois la robe de Cour a conservé sa forme et reste terminée par une queue immense.

Le règne de Henri II est surtout caractérisé par les modifications apportées au haut-de-chausses. Il est devenu très court, s'arrête bien au-dessus du genou ; une garniture

---

[1] Alors appelée corset. — Un couturier « prit une fort belle pièce de drap, et l'apporta à la femme, luy faisant à croire qu'il avoit charge de luy prendre mesure d'une cotte (que nous appelons aussi un corset à Paris). » H. Estienne, *Apologie pour Hérodote*, édit. Ristelhuber, t. I, p. 313.

CLAUDE DE FRANCE, première femme de François Ier.
D'après Montfaucon.

HENRI II. D'après Clouet, dit Janet.

intérieure en crin le maintient beaucoup plus
bouffant que sous François Ier. Le pourpoint
n'a guère changé, et la casaque qui le recouvrait s'est bornée à troquer son nom contre
celui de casaquin. Sur le dos pend la cape,
petit manteau étroit et court qui constitue
plutôt une pièce élégante du costume qu'un
pardessus destiné à préserver du froid.

Pendant la campagne de Toscane en 1555,
les Florentins après avoir battu Strozzi vinrent
mettre le siège devant Sienne, que défendait
Montluc. Celui-ci tomba malade, au grand
effroi des habitants qui avaient mis tout leur
espoir en lui. Pour rassurer ces faibles cœurs,
Montluc sort de son lit, et a l'idée de se montrer par la ville couvert de ses plus beaux
habits de courtisan. Lui-même raconte ainsi
cet épisode, sans faire remarquer qu'il avait
alors cinquante-quatre ans :

Voyant le regret que le peuple avoit de me voir
ainsi malade, je me fis bailler des chausses de veloux cramoysi que j'avois apportées d'Albe, couvertes de passement d'or, et fort découppées et bien
faictes; car au temps que je les avois faict faire
j'estois amoureux. Nous estions lors de loysir en
nostre garnison, et, n'ayant rien à faire, il le faut
donner aux dames. Je prins le pourpoinct tout de
mesmes, une chemise ouvrée de soye cramoysie et

de filet d'or bien riche (en ce temps-là on portoit les collets des chemises un peu avallez [1]); puis prins un collet de bufle, et me fis mettre le haussecol de mes armes, qui estoient bien dorées. En ce temps-là je portois gris et blanc, pour l'amour d'une dame de qui j'estois serviteur lorsque j'avois le loisir. Et avois encore un chappeau de soye grise, faict à l'allemande, avec un grand cordon d'argent et des plumes d'aigrette bien argentées. Les chappeaux, en ce temps-là, ne couvroient pas grands, comme font à cest heure. Puis, me vestis un cazaquin de veloux gris, garny de petites tresses d'argent à deux petits doigts l'une et l'autre, et doublé de toille d'argent, tout découppé entre les tresses, lequel je portois en Piémont sur les armes [2].

Si un vieux soudard comme Montluc se vêtait ainsi, on peut penser ce que devait être la tenue des raffinés, des jeunes élégants, ministres de la mode. A cette époque, le ton leur était donné par un brave capitaine, Jacques de Savoie, duc de Nemours. « Il a esté, écrit Brantôme, un très beau prince et de très bonne grâce, vaillant, agréable, aymable et accostable, bien disant, bien escrivant, s'habillant des mieux, si que toute la court en son temps (au moins la jeunesse)

---

[1] Rabattus, renversés.
[2] *Commentaires*, édit. Petitot, t. XXI, p. 232.

prenoit tout son patron de se bien habiller sur luy. Et quand on portoit un habillement de sa façon, il n'y avoit non plus à redire que quand on se façonnoit en tous ses gestes et actions [1]. »

Jacques de Nemours fut donc alors le type de ce que l'on a successivement appelé :

Des mignons [2].   Des merveilleux.
— raffinés [3].   — muscadins.
— petits maîtres [4].   — lions.
— muguets [5].   — gants jaunes.
— godelureaux [6].   — mirliflores.
— du bel air [7].   — gandins.
— freluquets [8].   — gommeux.
— roués [9].   etc., etc., etc.
— incroyables.

Toutefois avec cette différence que le lion

---

[1] *Grands capitaines*, t. IV, p. 164.

[2] Fin du seizième siècle.

[3] Fin du seizième siècle et commencement du dix-septième.

[4] Entre 1630 et 1660, et surtout durant la Fronde.

[5] Fin du seizième siècle et tout le dix-septième siècle. Voy. Duverdier, Tabourot, Malherbe, Molière, Lafontaine, etc. — Ce nom leur avait été donné, parce qu'ils se parfumaient surtout d'essence de muguet.

[6] Fin du dix-septième siècle. Voy. Scarron, Molière, etc.

[7] Fin du dix-septième siècle. Voy. Sévigné surtout.

[8] Milieu du dix-huitième siècle. Voy. Baron, Destouches, Marivaux, etc.

[9] Sous Louis XV.

du seizième siècle était un lettré et un vaillant soldat, tandis que ce rôle honteux fut joué après lui par de prétentieuses nullités.

Pendant la première moitié du seizième siècle, les deux sexes firent assaut de luxe. A la Cour de François Ier, il fut souvent alimenté par les largesses du roi. « J'ai veu, dit encore Brantôme, des coffres et garderobes d'aucunes dames de ce temps là si pleines de robes que le Roy leur avoit données, en telles et telles magnificences et festes que c'estoit une très grande richesse. Il y a encore force vieux gentilshommes de ce règne qui en sçauroient bien que dire[1]. » Lorsqu'il maria au duc de Clèves sa nièce Marguerite qui n'avait pas encore treize ans, « elle estoit si chargée de pierreries et de robe d'or et d'argent, que par la foiblesse de son corps n'eust sceu marcher ; le Roy commanda à M. le connétable[2] de la prendre au col et la porter à l'église[3]. »

La cour de Henri II ne fut pas moins brillante. Élisabeth, fille du roi, mariée en 1559 à Philippe II d'Espagne, « ne porta jamais une robe deux fois, dit-on, et puis la donnoit à ses

---

[1] *Grands capitaines*, t. III, p. 118.
[2] De Montmorency.
[3] Brantôme, *Des dames*, t. VIII, p. 117.

femmes et ses filles. Et Dieu sçait quelles
robes, si riches et si superbes que la moindre
estoit de trois ou quatre cens escuz ; car le
Roy, son mary, l'entretenoit fort superbement
de ces choses là. Si bien que tous les jours
elle en avoit une, comme je tiens de son tailleur qui, de pauvre qu'il alla là, en devint si
riche que rien plus[1]. » Elle se montrait sans
doute moins prodigue à Paris, car je ne vois
figurer dans son trousseau que vingt-trois
robes, dont le duc de Guise nous a transmis
l'énumération suivante :

Quatre robbes et quatre cottes[2] de drap d'or et
d'argent frisé.

Quatre robbes et quatre cottes de toille d'or et
toille d'argent plaines et damassées.

Une robbe et une cotte de satin blanc pourfilées
d'or.

Une robbe et une cotte de damas blanc pourfilées
d'or.

Une robbe de taffetas blanc avec du passement[3]
d'or à jour, de quatre doits de large, pour mettre à
l'entour, et la cotte de mesme.

Une robbe de satin cramoysi, pourfillée d'argent,
et la cotte de mesme.

---

[1] Brantôme, *Des dames*, t. VIII, p. 19.

[2] La cotte se montrait alors sous la robe, ouverte par
devant dans toute sa longueur.

[3] De la dentelle.

Une robbe et une cotte de damas cramoysi, pourfillées d'or et d'argent.

Une robbe de veloux cramoysi de haulte couleur,
avec du passement d'or et d'argent à l'entour, de
demy pied de large, et la cotte de mesme.

Une robbe et une cotte de veloux violet, pourfillées d'or.

Une robbe et une cotte de satin violet, pourfillées
d'or et d'argent.

Une robbe et une cotte de veloux noir, avec du
passement large, à jour, d'or et d'argent.

Une robbe et une cotte de satin noir, avec du
passement d'argent large, à jour.

Une robbe et une cotte de damas noir, avec du
passement d'or large, à jour.

Une robbe et une cotte de taffetas noir, avec des
passemens larges, à jour, d'or et d'argent.

Une robbe et une cotte de damas violet, avec du
passement d'or, à jour large.

Une robbe et une cotte de satin jaulne paille, couvertes de passement d'argent.

Une robbe et une cotte de veloux jaulne paille,
avec un passement d'argent, large à jour [1].

Si Brantôme a dit vrai, l'aimable princesse
épuisa bien vite cette-garde-robe mesquine,
et, mariée le 22 juin, elle n'avait plus rien à
se mettre dès le 15 juillet.

Charles IX et sa mère Catherine dédaignè-

---

[1] *Mémoire de ce qu'il faut pour Madame.* Dans duc de
Guise, *Mémoires,* édit. Michaud, t. VI, p. 447.

CHARLES IX. D'après Montfaucon.

8.

rent le luxe pour eux-mêmes, et l'encoura-
gèrent autour d'eux. Élisabeth d'Autriche,
femme du roi, eut la gloire d'étaler, le jour de
son mariage[1], la plus longue queue dont l'histoire de France et peut-être aussi l'histoire de
la folie humaine fasse mention. Elle mesurait
« à veuë d'œil plus de vingt aunes[2], » soit environ vingt-quatre mètres, et était portée par
trois princesses du sang, dont les modestes
queues ne dépassaient guère huit mètres.

La mode des hauts-de-chausses bouffants
avait fait songer à y pratiquer des poches.

Jusque-là, l'escarcelle pendue au côté, la
ceinture[3], l'intérieur du pourpoint[4], le chaperon[5], la braguette[6] en avaient tenu lieu.
Lorsque vint l'habitude des larges manches,
on y cacha sa bourse[7], en général sous l'ais-

---

[1] Le 26 novembre 1570.

[2] Godefroy, *Le cérémonial françois,* édit. de 1649, t. II,
p. 37 et 41.

[3] Voy. dom Calmet, *Commentaire sur la règle de saint
Benoît,* t. II, p. 275.

[4] Voy. Claude de Vert, *Explication des cérémonies de
l'Église,* t. II, p. 141. — *Diverses satyres,* p. 115 verso, à
la suite des *OEuvres* de Mathurin Régnier, édit. de 1617.

[5] Voy. L. Guyon, *Diverses leçons,* p. 236.

[6] Voy. ci-dessus, p. 107.

[7] « Le prévost sentit bien qu'on luy fouilloit en sa manche. Il taste et trouve sa bourse adirée [perdue, enlevée],
dont il fut le plus despité du monde. » Bonaventure Desper-
riers, *Nouvelle* LXXX, édit. elzév., t. II, p. 275.

selle gauche. Cet endroit était alors appelé le
gousset[1], nom que les lingères donnent encore
à cette partie de la chemise, et qui est devenu
synonyme du mot poche.

Quand on commença à pratiquer des poches
à l'intérieur des chausses, on les fit si amples
qu'il fut possible d'y cacher jusqu'à des armes.
Aussi une ordonnance, rendue en janvier 1563,
défendit-elle aux tailleurs de mettre aucune
poche aux chausses[2], interdiction qui ne fut
que momentanée. Artus d'Embry nous raconte
que l'on apporta à l'hermaphrodite « un miroir faict à peu près en forme d'un petit livret,
qu'on luy mit dans la pochette droite de ses
chausses[3]. » Jean Nicot, avant 1606, imprime
la définition suivante : « Poche ou pochette,
à mettre quelque chose, comme celle qu'on
porte aux sayes et grosses chausses[4]. » Enfin,

---

[1] Nous avions « perdu beaucoup de gens de bien, et
entr'autres le sieur du Plessis, qui fut frappé d'une flèche
par le gousset, en levant le bras pour combattre. » Martin
du Bellay, *Mémoires*, liv. I, édit. de 1572, p. 2.

[2] « Il est défendu aux tailleurs et chaussetiers de faire
pochettes aux chausses, lesquelles n'auront doresnavant que
deux tiers de tour pour le plus. » *De la réformation des
grosses chausses*, art. 18, dans Fontanon, *Édicts et ordonnances*, t. I, p. 987.

[3] *Description de l'isle des hermaphrodites*, édit. de 1724,
p. 17.

[4] *Thrésor de la langue françoyse*, p. 490.

en 1608, le petit Dauphin se plaint qu'on lui ait pris sept sous « dans la pochette de ses chausses[1]. »

A dater du dix-septième siècle, l'histoire des poches est peu fertile en événements. Vers 1720, le gousset, encore indépendant du haut-de-chausses, était à vrai dire plutôt une bourse qu'une poche, car voici comment le définit Furetière : « Manière de petit sachet qu'on attache à la ceinture du haut-de-chausses par-dedans, et où l'on met de l'argent ou une bourse[2]. » Les poches des femmes furent placées d'une façon très incommode sous Louis XV, se virent suspendues entre deux jupons sous les robes à panier. A ce costume, le plus ample que les femmes aient jamais adopté, la Révolution fit succéder le plus léger et le plus collant qu'elles aient jamais porté. Comme on ne pouvait trouver place pour des poches dans des robes dont le principal objet était de mouler la forme du corps[3], on y substitua un petit sac qui se portait à la main et qui fut nommé *ridicule*. C'est *réticule* qu'il eût fallu dire. On

[1] Héroard, *Journal de l'enfance de Louis XIII*, t. I, p. 374.

[2] *Dictionnaire françois*, t. I, p. 477.

[3] Mad. de Genlis, *Dictionnaire des étiquettes de la Cour*, t. II, p. 67.

se plaisait alors à de grotesques imitations
de l'antiquité, et l'on avait découvert que les
dames romaines, à qui leur climat permettait
de ne s'habiller guère, avaient ainsi, en manière de sac à ouvrage, un petit filet appelé
reticulum[1]. Les élégantes qui copiaient si
agéablement Athènes et Rome ne savaient pas
plus le grec et le latin que leurs couturières,
et dans leur bouche, *réticule* devint bien vite
ridicule[2].

[1] Diminutif de *rete,* qui signifiait filet.
[2] Voy. les *Souvenirs* [apocryphes] *de la marquise de
Créquy,* t. IX, ch. VI, p. 111.

HENRI III. D'après un tableau du Louvre.

CHAPITRE IV

LE RÈGNE DE HENRI III

Portrait de Henri III. — Les courtisans et les mignons. —
Les hommes-femmes. — Portrait d'un mignon. — Histoire de la fraise. — Les changements de mode. Montaigne. — La fraise sous Charles IX. — Immenses fraises
portées par Henri III. — Il est la risée des Parisiens. —
Les panses des hommes et les tournures des femmes. —
Les grègues. — Les bariolages. — Les pourpoints tailladés causent la mort de Bussy d'Amboise. — Le touret de
nez ou cache-nez. — La mode des masques. — Le corset
et le busque. — Ce qu'en pensaient l'ambassadeur vénitien
Lippomano, Montaigne, Henri Estienne et Ambroise
Paré. — Magnificence déployée par Henri III au mariage
du duc de Joyeuse. — Le luxe dans l'habillement sous
Henri III.

Henri III avait un goût invincible pour tout ce
qui était le propre des femmes, à ce point que pas
une des nouveautés qu'il introduisit dans le costume ne lui vint d'autre part que de ses études sur
la garde-robe de la reine; car c'était là une chose
qu'il connaissait mieux que toutes les dames d'a-
tour réunies.

La nature l'avait richement doué. Il eût pu être
un grand capitaine, et, fit preuve en mainte occasion d'un véritable talent d'orateur; mais la fai-

néantise et les habitudes d'une dépravation précoce,
fruits d'une détestable éducation, le firent tomber
aussi bas que pas un de ces monarques de sérail
par lesquels ont fini toutes les dynasties de l'Orient.

Il lui fallait des senteurs, du fard, des pâtes pour
adoucir la peau, des eaux pour la rafraîchir. Il
dormait avec un masque sur le visage et des gants
aux mains. On lui épilait les sourcils pour les amener
à n'être plus qu'une arcade délicate au-dessus des
yeux. Ses cheveux étaient tantôt frisés en passe-
filon[1], tantôt relevés par des arcelets[2], et il les faisait poudrer avec de la poudre de violette musquée.

Il rejeta les chausses bouffantes pour n'en plus
porter que d'étroites, taillées et froncées comme les
caleçons des femmes. Il prit les chapeaux d'homme
en horreur, jusqu'à les bannir absolument du
Louvre, et il les remplaça par un bonnet à aigrette,
calqué sur l'escoffion[3] des dames du règne précédent.

Les collerettes à tuyaux ou fraises godronnées,
qu'il avait été des premiers à porter du vivant de
son frère, parurent lui déplaire à son retour de
Pologne, et il prit à la place le col uni rabattu à
l'italienne; mais ce ne fut qu'un temps d'arrêt pour
donner à son esprit le temps de méditer une réapparition triomphante de ces fraises, trop chères à
sa mollesse pour qu'il y eût renoncé. En 1578, il

---

[1] Coiffure de femme, qui datait de la fin du quinzième
siècle.

[2] Cercles de métal, qui servaient à maintenir relevée la
chevelure au-dessus des tempes.

[3] Voy. l'article consacré à la chapellerie.

en exhiba une comme on n'en avait jamais vu, formée de quinze lés de linon et large d'un tiers d'aune. Il avait jugé que l'amidon ne fournissait pas assez de maintien pour tant d'étoffe; il expérimenta lui-même et composa un empois avec de la farine de riz.

Ce portrait, fait de main de maitre, est l'œuvre de M. Quicherat[1]. Il en existe un autre, tracé en vers indignés et contemporains de l'infâme personnage qui déshonora le trône de France au seizième siècle. Le voici :

Avoir ras le menton, garder la face pasle,
Le geste efféminé, l'œil d'un Sardanapale,
Si bien qu'un jour des Rois, ce doubteux animal,
Sans cervelle, sans front, parut tel en son bal :
De cordons emperlez sa chevelure pleine,
Soubz un bonnet sans bord faict à l'italienne,
Faisoit deux arcs voutez; son menton pinceté[2],
Son visage, de blanc et de rouge empasté,
Son chef tout empoudré, nous firent voir l'idée,
En la place d'un roy, d'une p....n fardée.
Pensez quel beau spectacle, et comme il fit bon voir
Ce prince avec un busc[3], un corps de satin noir
Couppé à l'espaignolle, où des déchiquetures
Sortoient des passemens et des blanches tireures;
Et afin que l'habit s'entresuivist de rang,

---

[1] *Histoire du costume,* p. 418.
[2] Épilé avec une pince.
[3] Voy. ci-dessous.

Il montroit des manchons gauffrez de satin blanc,
D'autres manches encor qui s'estendoient fendues,
Et puis jusques aux pieds d'autres manches perduës.
Pour nouveau parement, il porta tout ce jour
Cet habit monstrueux, pareil à son amour :
Si qu'au premier abord chacun estoit en peine
S'il voioit un roy femme ou bien un homme reyne[1].

Les courtisans imitaient le roi, se paraient de perles, de colliers, de bagues, de boucles d'oreilles, se parfumaient de civette, de musc et d'ambre. Un écrivain contemporain les peignit au vif dans un livre qu'il intitula *Description de l'île des hermaphrodites*[2], et le mépris public avait flétri du nom de *mignons* les jeunes favoris, complices des débauches de cet indigne souverain. Pierre de Lestoile, chroniqueur parisien, écrivait le 25 juillet 1576 :

Le nom de *mignon* commença en ce temps à trotter par la bouche du peuple, auquel ils estoient fort odieux, tant pour leurs façons de faire, qui estoient badines et hautaines, que pour leurs fards et accoustremens efféminés et impudiques...

Ces beaux mignons portoient leurs cheveux longuets, frisés et refrisés par artifices, remontans par dessus leurs petits bonnets de velours, comme font les p.....s, et leurs fraises de chemises de toile

---

[1] Agrippa d'Aubigné, *Les tragiques*, édit. elzév., p. 101.
[2] Lestoile attribue ce livre à Thomas Artus, sieur d'Embry.

d'atour empezées et longues de demi pied ; de façon
qu'à voir leur teste dessus leur fraise, il sembloit
que ce fust le chef de saint Jean dans un plat...

Suivent :

LES VERTUS ET PROPRIÉTÉS DES MIGNONS.

> Leur parler et leur vestement
> Se void tel, qu'une honneste femme
> Auroit peur d'en recevoir blasme,
> En usant si lascivement.
> Leur œil ne se tourne à son aise
> Dedans le repli de leur fraise.
> Déjà le fourment[1] n'est plus bon
> Pour l'empois blanc de leur chemise,
> Et fault pour façon plus exquise
> Faire de riz leur amidon.
> Je n'ose dire que le fard
> Leur est plus commun qu'à la femme...

La pièce est encore longue, mais le reste ne
peut être reproduit ici.

En 1558, les magistrats de l'édilité parisienne se plaignaient déjà que les prêtres s'ha-
billassent en séculiers, les femmes en hommes
et les hommes en femmes, « ce qui, disaient-
ils, est un scandale et un déshonneur à cette
noble ville capitale de ce royaume, qui doit
estre le miroir et exemple d'honneur, modes-

---

[1] Le froment.

tie et geste des autres villes[1]. » Ceci était écrit
sous Henri II, et il s'en faut que Paris eût
depuis lors songé à s'amender. Scévole de
Sainte-Marthe le constatait vingt ans plus
tard :

Ces jeunes gens frisez, goldronnez, parfumez,
(Fards qui de nostre temps n'estoyent accoustumez)
Nous feroyent bien mesprendre à discerner les dames
D'entre les chevaliers qui ressemblent aux femmes[2].

L'intention vaut mieux que la forme, et
l'on en peut dire autant de l'épigramme suivante, due à l'excentrique poète Tabourot :

Ce petit Popelinet,
Au poil frizé blondelet,
Dont la reluisante face
Feroit mesme honte à la glace,
Et sa délicate peau
Au plus beau tint d'un tableau ;
Ce muguet dont la parole
Est blèze, mignarde et molle,
Le pied duquel en marchant
N'iroit un œuf escachant,
L'autre jour prit fantaisie
De s'espouser à Marie,
Vestuë aussi proprement,

---

[1] *Registres des délibérations de l'hostel de ville de Paris*,
22 avril 1558. Dans Godefroy, *Le cérémonial français*, t. II,
p. 5.

[2] *L'amour*, 1579, in-4°, p. 141 v°.

Peu s'en faut, que son amant.
Et venant dedans le temple,
Le prestre qui les contemple
Demanda facétieux :
Quel est l'époux de vous deux[1] ?

Sainte-Marthe et Tabourot n'ont pas tout
dit. Pour qu'un jeune homme fût alors tout à
fait à la mode, il lui fallait encore en marchant branler sans cesse la tête, le corps et
les jambes[2],

Dire cent et cent fois : « Il en faudroit mourir ! »
Sa barbe pinçoter, cageoller la science,
Relever ses cheveux, dire : « En ma conscience ! »
Faire la belle main, mordre un bout de ses gants,
Rire hors de propos, monstrer ses belles dents,
Se carrer sur un pied, faire arser[3] son espée,
Et s'adoucir les yeux ainsi qu'une poupée[4].

Ajoutez à tout cela « le manteau posé sur
une épaule et pendant de l'autre côté, une
manche du pourpoint tout ouverte et l'autre

---

[1] *Les touches du seigneur des Accords,* édit. de 1616,
p. 36.

[2] « Il bransloit tellement le corps, la teste et les jambes
que je croyois à tous propos qu'il deust tomber de son long.
J'avois opinion que cela leur arrivoit à cause de l'instabilité
de l'isle, mais j'ay appris depuis que c'est à cause qu'ils
trouvent ceste façon-là plus belle que pas une autre. » *Description de l'isle des hermaphrodites,* édit. de 1724, p. 19.

[3] Faire briller.

[4] Régnier, *satire* VIII.

boutonnée, » et vous aurez la portraiture exacte d'un jeune seigneur à la fin du seizième siècle. Encore faut-il se le représenter « à cheval, l'épée à la main, courant dans la ville comme s'il poursuivait l'ennemi [1]. »

Ces bravades effrayaient fort les paisibles bourgeois et redoublaient leur haine pour les mignons, objet ordinaire de leurs doléances et aussi de leurs plaisanteries. Celles-ci s'adressaient surtout aux immenses fraises d'où émergeait leur tête de mauvais garçons. C'est là, en effet, une des innovations les plus ridicules que mentionne l'histoire de la mode, si fertile pourtant en pareilles fantaisies. Et, de fait, je pourrais me dispenser de décrire ce col engonçant, puisque nos femmes viennent d'en adopter un diminutif. Quel est le cerveau détraqué qui l'a remise en honneur? Nul ne le saura jamais. Ce sont choses dont on ne se vante point; mais je tiens à constater que Montaigne avait très bien prévu l'événement. Voyez plutôt : « Parce que nostre changement est si subit et si prompt en la mode, que l'invention de tous les tailleurs du monde ne sçauroit fournir assez de nouvelletez, il est

[1] Dépêche de J. Lippomano, ambassadeur de Venise, dans les *Relations*, t. II, p. 555.

force que bien souvent les formes mesprisées reviennent en crédit, et celles-là mesme tombent en mespris tantost après[1]. »

Le seizième siècle dut, prétend-on, l'usage des fraises à Catherine de Médicis, qui l'apporta d'Italie. D'où il faut conclure que si elle fût restée dans son pays, la France eût été privée tout à la fois d'une odieuse mégère[2], de l'exécrable race sortie d'elle et d'une mode absurde. Celle-ci débuta, timidement d'abord, sous Charles IX ; les fraises font déjà le tour du cou, mais sans ampleur. Henri III les adopta aussitôt ; ensuite il y renonça[3]. Puis, un beau jour, il en exhiba une de si belle dimension que tout Paris en fit risée. Blaise de Vigenère, qui traduisait alors Tite-Live, voulut transmettre à la postérité le souvenir de cette merveille, et dans

---

[1] *Essais,* liv. I, chap. XLIX.

[2] Henri III « la méprisait à fond, dit Michelet, n'ayant vu personne en ce monde de plus méprisable, ni de plus semblable à lui. » *Histoire de France,* édit. de 1874, t. X, p. 179. — En 1589 « elle alla rejoindre son complice de la Saint-Barthélemy. L'autre complice, deux fois assassin, ne devait pas tarder à suivre sa mère. » H. Martin, *Histoire de France,* édit. de 1860, t. X, p. 117.

[3] « Le Roy laissa ses chemises à grands godrons, dont il estoit auparavant si curieux, pour en prendre à colet renversé à l'italienne. » Lestoile, *Journal,* novembre 1575.

une note dépeignit un jeune mignon, « la teste passée dans sa fraise comme à travers une meule de moulin, goderonnée à tuyaux d'orgue de vingt-cinq ou trente lez, druz et menus, fraisez en chouz crespés, telles qu'on voit ces testes d'anges ou de vents qui paroissent à travers un gros amas de nuées [1]. »

Comme Henri III prenait plaisir à empeser les fraises de la reine, ou le surnomma dans Paris « gauderonneur [2] des colets de sa femme [3]. » Ceci n'était rien. Mais, le 4 février 1579, s'étant montré à la foire Saint-Germain, il dut faire arrêter « quelques escoliers qui s'y promenoient portans de longues fraises de chemises de papier blanc, en dérision de Sa Majesté et de ses mignons, courtizans si bien fraizés et goldronnés ; et comme ils sont d'insolente nature, crioient en pleine foire : « A la fraize on congnoist le veau [4]. » Les érudits n'étaient pas plus respectueux que les écoliers : « Les fraises de veau, écrivait alors Henri Estienne, ont appris aux gentils-hommes

ç

---

[1] Édit. de 1617, in-folio, t. I, p. 928.

[2] On nommait *godrons* les larges plis qui composaient la fraise.

[3] Lestoile, août 1576.

[4] Lestoile.

à accoustrer mignonnement les colets de leurs chemises[1]. »

Quelque invraisemblable que cela puisse paraître, le génie inventif de Henri III créa une mode encore plus insensée que celle des fraises. Un gros ventre lui ayant paru constituer une beauté chez l'homme, on lui dut les *panses* artificielles Le devant du pourpoint fut terminé dans le bas par un busc courbe, destiné à maintenir une sorte de bosse, obtenue à force de coton et qui semblait rejeter le corps en arrière. Écoutez le grave Henri Estienne :

CELTOPHILE. Qu'appelez-vous les panses?

PHILAUSONE. C'est un nom que ces gentils tailleurs ont imposé à la façon qu'ils donnent au pourpoint, pour faire sembler que celuy qui le porte ait grosse panse.

CELTOPHILE. Ils enflent donc l'accoustrement pour contrefaire une telle panse?

PHILAUSONE. Ouy, ils l'enflent de cotton[2].

Les femmes s'enflaient du côté opposé Comme au quinzième siècle, un coussin rembourré tenait la robe relevée par derrière; et,

---

[1] *Dialogues,* édit. Liseux, t. I, p. 177.

[2] *Dialogues,* t. I, p. 210. Voy. aussi p. 224, et Montaigne, liv. I, chap. XLIX.

comme au quinzième siècle, il s'est trouvé un
impitoyable poète pour nous en instruire :

> Là marchent à graves pas,
> Renforcées par le bas,
> Celles qui deux c... supportent
> Souz les robbes qu'elles portent.
> Desquels l'un . . . .
>
> . . . .
> L'autre de laine et de bourre
> Autour de leurs fesses embourre [1].

Sur ce point, Henri Estienne s'exprime de
façon presque aussi inconvenante :

PHILAUSONE. Sçachez donc que quand elles veulent
sortir dehors, elles disent : « Apportez-moy mon
c.. ». Et quelques fois on crie : « On ne trouve
point le c.. de madame, le c.. de madame est
perdu. »

CELTOPHILE. . . . .

PHILAUSONE. Et cependant, notez qu'il y a de
ces c... (qu'aucunes plus honnestes appellent haus-
sec...) qui sont fort précieux [2].

Les hauts-de-chausses des hommes, enjoli-
vés et tailladés, ne l'étaient pas moins. Ils
s'étaient rétrécis et allongés, se rapprochant
de notre culotte courte; mais ils comportaient
des façons bien variées que je ne me charge

[1] Pierre Leloyer, *Poésies*, 1578, in-12, p. 232, verso.
Dialogues, t. I, p. 227.

Costume de bal sous Henri III. D'après un tableau du musée du Louvre.

pas de définir. On eut des hauts-de-chausses
*à la provençale, à la niçarde, à la polonaise, à
la bougrine,* et aussi *à la gregesque* [1], c'est-à-
dire *à la grecque,* d'où est dérivé le mot
grègues, devenu générique au siècle suivant,
et qui désigna à lui seul toute espèce de haut-
de-chausses. Henri III avait proscrit la bra-
gette, comme tout ce qui rappelait le sexe masculin.

Par contre, il avait mis en vogue le mélange
de couleurs tranchantes, alors marque dis-
tinctive des laquais : « Un gentilhomme, aussi
bien qu'un simple valet, est habillé de huit
ou dix couleurs. Mesme quant aux chausses,
ce n'est plus la coustume que le haut et le bas
soyent d'une mesme couleur [2]. » Bien entendu,
les gens sérieux restaient fidèles aux vieilles
coutumes : Les Français, écrivait Montaigne,
sont « accoustumez à se biguarrer ; non pas
moy, car je ne m'habille guière que de noir
ou de blanc, à l'imitation de mon père [3]. »
Les courtisans avaient imaginé mieux encore.
Se rendant au moins une fois pleine justice,

---

[1] H. Estienne, *Dialogues,* t. I, p. 236. Estienne écrit
pouloumese, garguesque, gargesque, etc.

[2] H. Estienne, *Dialogues,* t. I, p. 231.

[3] *Essais,* liv. I, chap. xxxv.

ils avaient arboré le *complet* vert, couleur
jusque-là réservée aux fous de Cour :

CELTOPHILE. Pour le moins, je m'asseure d'une
chose, qu'entre ces couleurs il n'y aura point de
verd, car ceste couleur estoit expressément réservée
aux fols : je dis fols ayans le capuchon pointu sur
la teste et portant aussi la marotte.

PHILAUSONE. Est-ce tout ce que vous en sçavez ?
L'habillement verd, voire quand on n'est habillé
d'autre couleur de pied en cap, sent aujourd'huy
son galant homme [1].

Pourtant, le bariolage était mieux porté, et
la mode en dura plus longtemps. Il s'appliquait à l'ensemble du costume, pour lequel
grande liberté était laissée. On pouvait à volonté le porter long ou court, étoffé ou étri-
qué. Blaise de Vigenère, que j'ai cité tout à
l'heure, écrit encore : Deux jeunes gens de
loisir, gais et délibérés se rencontrèrent, « il
n'y a pas guère encore, en une partie de jeu
de paulme. L'un avoit un pourpoinct fort
juste et comme collé sur le corps, court de
buste et estroit de manches, quasi expressément faict pour lutter ; l'autre très plantureux
et ample, découpé à grandes balaffres [2]... »

---

[1] H. Estienne, *Dialogues*, t. I, p. 237.
[2] Tome I, col. 927.

Un raffiné du temps, Bussy d'Amboise, qui compta parmi les héros de la Saint-Barthélemy et qui profita même de l'occasion pour se débarrasser de parents gênants, était partisan des pourpoints découpés à grandes balafres. Cette préférence fut cause de sa mort. Attiré dans un guet-apens, près d'Angers, par un mari trompé, il se défendit vaillamment, car presque tous ces mauvais drôles étaient de fines lames; puis, cédant au nombre, il voulut s'élancer par une fenêtre. Mais une des déchiquetures de son pourpoint se prit dans un crochet de fer[1] et, avant qu'il eût pu se dégager, Bussy fut enfin tué par ses adversaires, « à la grande joie de toute la province, » dit l'historien de Thou[2].

Un accessoire du vêtement, que je mentionnerai en passant parce qu'il fut à ce moment confectionné par les tailleurs, était le masque.

On peut lui donner pour origine le *touret de nez* ou *cache-nez,* petit carré d'étoffe qui s'attachait aux oreillettes du chaperon et couvrait tout le visage à partir des yeux. Le tou-

---

[1] Varillas, *Histoire de Henri III,* liv. IV, t. I, p. 484.

[2] « Provinciales haud mediocriter lætati sunt. » *Historiarum liber* LXVIII, édit. de 1733, t. III, p. 676.

ret de nez était déjà en usage sous Charles V[1]. Comme il s'employait seulement en hiver et avait surtout pour objet de préserver le nez du froid, des plaisants de l'école naturaliste le qualifièrent impoliment de *coffin*[2] *à roupies*[3].

Charles VI interdit le port des « faux visages[4], » mais François Ier leur fit bon accueil. Sous prétexte de préserver leur fine peau des atteintes de l'air, lesfemmes purent ainsi faciliter le succès de bien des intrigues, et la mode devint sur ce point si impérieuse qu'une femme de qualité n'eût osé sortir sans son masque.

Les hommes, le roi en tête, ne tardèrent pas à adopter une mode si favorable aux dissolutions de tous genres. On lit dans le *Journal d'un bourgeois de Paris sous François Ier* :

4 OCTOBRE 1516. Et pendant que le Roy estoit à Paris, il alloit quasi tous les jours faire des mommons[5] en masques et habitz dissimulez et incognus.

MAI 1517. Le Roy et aucuns jeunes gentilzhommes de ses mygnons et privez ne faisoient quasi tous les jours que d'estre en habitz dissimulez

---

[1] Voy. Paulin Paris, *Les manuscrits françois de la Bibliothèque du roi*, t. V, p. 162.

[2] Corbeille, coffret, panier, en vieux français.

[3] H. Estienne, *Dialogues*, t. I, p. 183.

[4] Isambert, *Anciennes lois françoises*, t. VI, p. 844.

[5] Farces.

et bigarrez, ayans masque devant leurs visages, allans à cheval parmy la ville; et alloient en aucunes maisons jouer et gaudir, ce que le populaire prenoit mal à gré[1].

Il faut croire que l'opinion du populaire touchait peu le galant roi François, car en l'année 1536, nous le voyons commander une douzaine de masques luxueux, où l'art du peintre s'alliait à celui du tailleur : « Payé à Léonard de Laulne, tailleur des habillemens du Roy, nostre seigneur, la somme de sept livres tournoys, pour son remboursement de pareille somme qu'il a déboursée de ses deniers à ung painctre, en l'achapt d'une douzaine de fins masques, argentez par dedans, livrez ès mains du Roy, pour en faire à son plaisir et volunté[2]. »

Le masque, resté en faveur sous Henri II et sous Charles IX, atteignit son apogée sous Henri III. Le roi, masqué et accompagné de drôles de son espèce, courait volontiers les rues, battant les passants, arrachant les coiffures des femmes, commettant mille polissonneries de ce genre. Les masques dont on se

---

[1] Pages 43 et 55.

[2] *Bibliothèque de l'école des chartes*, 26ᵉ année (1865), p. 492.

servait alors étaient de velours noir doublé
de satin blanc. On les munissait à l'intérieur
d'une chaînette terminée tantôt par une perle,
tantôt par un petit ressort que l'on tenait entre
les dents. Le ressort avait sur la perle l'avantage de déguiser la voix.

Le corset aussi était plus en faveur que
jamais. Tout naturellement, Henri III en portait un[1]. Les femmes emprisonnaient leur
taille dans des instruments de supplice nommés *corps piqué*, sans préjudice du *buste* ou
busque, lame de bois verni, d'ivoire, d'argent
ou de baleine[2] qui maintenait la robe par
devant. « Les femmes, dit Henri Estienne,
appellent leur busque un os de baleine (ou
autre chouse, à faute de ceci) qu'elles mettent
par dessous leur poitrine, au beau milieu,
pour se tenir droites[3]. » Très souvent, le busque
restait en vue, était doré, damasquiné, couvert de devises, d'ornements, de dessins allé-
goriques[4].

L'ambassadeur de Venise écrivait alors à

[1] Voy. ci-dessus, p. 147.
[2] « Des lames qui sortent de la bouche des baleines on en
fait des busques pour les femmes. » A. Paré, *OEuvres*, édit.
de 1607, p. 1065.
[3] *Dialogues*, t. I, p. 210.
[4] Voy. Maze-Censier, *Le livre des collectionneurs*, p. 737.

son gouvernement : « Les Françaises ont des tailles fort minces ; elles se plaisent à enfler leurs robes de la ceinture en bas par des paniers, des vertugadins et autres artifices, ce qui rend leur tournure encore plus élégante.» On voit que la vertugale avait changé de nom en s'élargissant. Lippomano ajoute : « Par dessus la chemise, les femmes ont un corset ou camisole, qu'elles appellent corps piqué, qui rend la tournure plus légère et plus svelte. Il est agrafé par derrière, ce qui rend encore plus belle la forme du sein[1]. » Le bon ambassadeur n'y avait pas regardé de bien près, mais nous savons par Montaigne en quoi consistaient le plus souvent ces artifices destinés à rendre la taille fine : « Quelle gehenne les femmes ne souffrent-elles pas, guindées et cenglées à tout de grosses coches[2] sur les costez jusques à la chair vive ! ouy quelquesfois à en mourir[3] ! » Tout au moins à compromettre la vie des enfants qu'elles portaient dans leur sein : « J'ay ouy parler de quelques damoiselles, voire en ay congneu, qui n'ont point faict difficulté de porter des bustes aux despens

---

[1] *Relations des ambassadeurs vénitiens*, t. II, p. 559.
[2] Plaies, entailles.
[3] *Essais*, liv. I, chap. XL.

du fruict qui estoit en elle, et pour ne perdre
l'honneur d'avoir le corps gent[1]. » Et Ambroise
Paré qui, mieux que personne, savait à quoi
s'en tenir à cet égard, avait plus d'une fois
donné de sages avis, toujours méconnus : « Les
choses qui compriment le ventre de la mère,
comme font les bustes et choses semblables,
empeschent que l'enfant ne peut prendre crois-
sance, de sorte que les mères avortent, et
sont les enfans contraints sortir devant le
terme[2]. » Le danger n'est pas moindre pour les
jeunes personnes : « Plusieurs filles sont bossues
et contrefaites pour leur avoir, en leur jeunesse, par trop serré le corps. On voit que, de
mille filles villageoises, on n'en trouve pas
une bossue, à raison qu'elles n'ont eu le corps
astraint et trop serré[3]. » Dans un autre endroit,
Paré nous raconte qu'ayant fait l'autopsie
d'une belle dame à la taille mince, il trouva
ses « costes chevauchans les unes par dessus
les autres[4]. »

---

[1] H. Estienne, *Apologie pour Hérodote*, édit. Ristelhuber,
t. I, p. 393.

[2] *OEuvres*, édit. de 1607, p. 953.

[3] *Ibid., ibid.*, p. 898.

[4] « J'ay souvenance avoir ouvert le corps mort d'une
dame de nostre cour, qui pour monstrer avoir le corps beau
et gresle, se faisoit serrer de sorte que je trouvay... »
Page 514.

Avant de juger trop sévèrement cette victime de la coquetterie, rappelons-nous que l'exemple alors partait d'en haut, était donné par le *roi-femme*, comme l'appelle si bien d'Aubigné, dont la présence souillait le Louvre. Ayant vu mourir une princesse[1] dont il se disait amoureux, il afficha publiquement un désespoir extravagant, couvrit ses vêtements de petites têtes de mort, et commanda pour six mille écus de dentelles ornées de cet emblème[2]. Un jour, il lui prit fantaisie de marier son mignon Joyeuse, qui, disons-le, mourut huit ans plus tard en brave soldat :

Le Roi mena la mariée au moustier suivie de la Roine, princesses et dames de la Cour, tant richement et pompeusement vestues qu'il n'est mémoire d'avoir veu en France chose si somptueuse. Les habillemens du Roi et du marié estoient semblables, tant couvers de broderies, perles et pierreries qu'il estoit impossible de les estimer ; car tel accoustrement y avoit qui coustoit dix mil escus de façon. Et toutefois, aux dix-sept festins qui de

---

[1] Marie de Clèves, femme de Henri de Bourbon, prince de Condé, morte le 30 octobre 1574.

[2] Pierre Matthieu, *Histoire de France*, t. I, p. 406. — Il resta fidèle aux ornements de ce genre plus longtemps qu'au souvenir de Marie de Clèves. En 1583, on le voit commander pour une mascarade « dix-huit douzaines de gros boutons d'argent, façon de teste de mort. » Douët-d'Arcq, *Comptes de l'argenterie*, p. 352.

renc de jour à autre, par l'ordonnance du Roi,
depuis les noces furent faits par les princes et
seigneurs, parens de la mariée et autres des plus
grands et apparens de la Cour, tous les seigneurs
et les dames changèrent d'accoustremens, dont la
pluspart estoient de toile et drap d'or et d'argent,
enrichis de passemens, guimpeures, recaneures et
broderies d'or et d'argent, et de pierres et de perles
en grand nombre et de grand pris. La despense.y
fut faite si grande, y compris les masquarades,
combats à pied et à cheval, joustes, tournois, mu-
siques, danses d'hommes et femmes, et chevaux,
présens et livrées, que le bruit estoit que le Roi
n'en seroit point quitte pour douze cens mil escus[1].

De Thou, historien contemporain, s'exprime ainsi :

Malgré la misère du peuple, ce mariage se fit à
Paris avec une magnificence plus que royale.
Henri III assigna à la mariée, quoique étrangère,
une dot de trois cent mille écus, comme on la donne
aux filles de France, et il donna autant au marié.
Quelque odieuses que fussent ces profusions, celles
que l'on fit pour les noces le furent bien davantage.
En tournois, carrousels, spectacles et fêtes de nuit,
combat naval, présents et autres profusions semblables, on dépensa douze cent mille écus d'or[2].

M. Henri Martin évalue ces douze cent

---

[1] Lestoile, *Journal*, 7 septembre 1581, édit. Michaud,
t. XIV, p. 137.
[2] Livre LXXIV.

mille écus à trente millions de notre monnaie.
« C'était, dit-il, la solde d'une armée[1]. » Eh
bien, ce ne fut pas encore tout. Henri III, qui
s'était sauvé de Pologne comme un malfaiteur
en volant les diamants de la couronne, alla
prendre de force, sur l'argent destiné au payement des rentes de l'hôtel de ville, cent mille
écus, pour couvrir les frais d'un voyage que
Joyeuse devait faire en Lorraine chez les
parents de sa femme[2].

Recueillons maintenant quelques imprécations contre les progrès du luxe durant cette
période.

Lippomano se borne à constater qu' « un
homme de la Cour n'est pas estimé riche s'il
n'a pas vingt-cinq à trente habillements de
différentes façons, et il doit en changer tous
les jours[3]. »

Un anonyme, qui s'adresse plus spécialement aux femmes, les menace en ces termes
de la colère divine :

En ce jour là, le souverain Seigneur ostera l'ornement de leurs souliers, leurs colliers faits en
forme de demy croissant, leurs carquans, leurs

---

[1] Tome IX, p. 507.
[2] Lestoile, *Journal*, mars 1582.
[3] *Relations des ambassadeurs vénitiens*, t. II, p. 557.

joyaux, leurs brasselets, leurs coiffures, leurs
chesnes, leurs peignes, les ornemens qui s'ap-
pliquent auprès des espaules, les brodures qui sont
à l'entour de leurs robbes, leurs bagues remplies
de musque, les petites bagues qui leur pendent
aux oreilles, et les anneaux et pierres précieuses
qui leur pendent sur le front, et leurs diverses
sortes d'habillemens, et leurs petits manteaux, et
leurs robbes d'un bien fort delié et fin drap de soye,
et les petits instrumens dont elles font tenir leurs
cheveux droits sans estre çà et là épars, leurs miroirs, leurs fines toiles, leurs bandelettes, et manteaux d'été [1].

Enfin, un moraliste, qui fut conseiller du
roi et gentilhomme ordinaire de sa chambre,
comparait le présent avec le passé, et écrivait :

Si tous ces gens de bien vivoyent de ce temps, je
croy qu'ils rougiroyent de honte pour nous, de voir
le monde si desreiglé du plus grand jusques au
au petit, et la desbordée licence du menu peuple à
se vestir sans exception de riches habits, jusques à
deschiqueter le velours en mille lopins, et chamarrer leurs manteaux, pourpoints et chausses de
passemens d'or fin : tellement qu'à peine sçauroit-
on discerner pour le jourd'huy un grand seigneur,
duc et comte, d'avec un soldat ou autre qui n'a que
la cappe et l'espée, excepté à la suitte et train.

[1] *Remonstrance charitable aux dames et damoyselles de
France*, 1577, in-8°, p. 5.

Mais quant à l'habit d'un seul, le Roy n'en porte
point de plus beau que faict ordinairement un
simple courtizan : ce qui ne devroit estre permis,
car il est facile à juger que tels frisez et braves
muguets, n'ayans de quoy fournir du leur à telle
despence, entretiennent cest équipage par moyens
illicites : ou bien ils sont enfans de la matte[1] (ainsi
dits pource qu'ils mattent ceux qui sont en leurs
pièges), ou estalons de Cour, ou bien volleurs, lar-
rons, assassineurs et ruffiens[2].

Ces lamentations sont curieuses à conserver, mais il faut reconnaître qu'elles n'ont
jamais corrigé personne, et que chaque siècle
les a reproduites à son tour.

[1] Filous, voleurs.
[2] Antoine du Verdier, *Diverses leçons imitées de celles
de Messie,* 1580, in-8°, t. II, p. 216.

Henri IV. D'après le recueil de Gaignières.

CHAPITRE V

Les modifications introduites dans le vêtement durant le règne de Henri IV eussent très
bien pris place dans le chapitre précédent,
mais il m'a répugné de mêler à l'abominable
dynastie des Valois la figure bonne, gaie,
aimable et fine du Béarnais. Je ne puis cependant empêcher qu'il ait épousé Marguerite, une
fille de Henri II et de Catherine, qui n'a pas
démenti sa race. Un jour, en présence de toute
la Cour, son digne frère Henri III lui jeta à la
tête le nom de tous les galants qu'on lui prêtait, non sans cause, et la chassa de Paris.

Henri IV accordait à sa femme une indulgence
dont il avait grand besoin pour lui-même; il
eût donc volontiers pardonné. Mais après un
éclat aussi public, il lui était difficile de reprendre sa volage compagne. Le divorce, dès
lors arrêté dans son esprit, ne fut toutefois
prononcé qu'en 1599, et Marguerite ne revint
s'installer à Paris qu'en 1605. Elle entrait
dans sa cinquante-deuxième année, ce qui ne
l'empêcha pas d'avoir encore des aventures
galantes et de donner le ton aux élégantes de
la capitale. Brantôme, qui parait avoir pro-
fessé pour elle une admiration un peu exces-
sive, l'a représentée comme l'arbitre de la
mode[1], a célébré ses « belles et superbes façons, coiffures gentilles, inventions et ornemens[2] : »

Je n'aurois jamais faict, écrit-il, si je voulois
descrire ses parures et ses formes de s'habiller ausquelles elle se monstroit plus belle; car elle en
changeoit de si diverses, que toutes luy estoient
bien séantes, belles et propres, si que la nature et
l'art faisoient à l'envy à qui la rendroit plus belle.
Ce n'est pas tout, car ses beaux accoustremens et
belles parures n'osarent jamais entreprendre de

[1] Tome IX, p. 253.
[2] Tome VIII, p. 31.

couvrir sa belle gorge ny son beau sein, craignant
de faire tort à la veue du monde, qui se paissoit sur
un si bel object; car jamais n'en fut veue une si
belle, ny si blanche, si pleine, ny si charnue,
qu'elle monstroit si à plain et si descouverte que
la pluspart des courtizans en mouroient, voire des
dames, que j'ay veues, aucunes de ses plus privées,
avec sa licence, la baiser par un grand ravis-
sement[1].

Marguerite avait conservé la mode des
grandes fraises, et elle inventa une cuiller à
long manche qui lui permettait de manger la
soupe sans tacher sa toilette. Elle portait aussi
les vastes vertugadins de l'époque, comme le
prouve un mot charmant du secrétaire d'État
Pierre Forget, mot que je suis désolé de ne
pouvoir reproduire ici. Ceux de mes lecteurs
qui voudront le connaître le trouveront dans
le *Perroniana*[2]. Sur la fin du règne, les fraises
furent remplacées par le *collet montant,* sorte
d'éventail formé de dentelles que des fils
d'archal maintenaient ouvert derrière la tête.

Comme je ne prétends pas dissimuler les
faiblesses de Henri IV, je reconnais qu'il y
eut alors une seconde reine de la mode, Gabrielle d'Estrées, gentille poupée, qui exerça

---

[1] Tome VIII, p. 35.
[2] Édition de 1691, p. 145.

son empire avec plus de magnificence et moins
de goût que Marguerite. Quand Henri IV fit à
Paris son entrée solennelle, Gabrielle « mar-
choit un peu devant lui, dans une litière toute
découverte, chargée de tant de perles et de
pierréries si reluisantes qu'elles offusquaient
la lueur des flambeaux [1]. » Au mois de novembre suivant, étant marraine avec le roi pour
compère, « elle estoit vestue d'une robbe de
satin noir, tant chargée de perles et pierreries
qu'elle ne se pouvoit soustenir [2]. » Six mois
après, Lestoile écrivait encore dans son *Journal :* « On me fit voir un mouchoir qu'un
brodeur venoit d'achever pour madame de
Liancourt [3], laquelle devoit le porter le lendemain à un ballet, et en avoit arresté de prix
avec luy à dix-neuf cens escus, qu'elle luy
devoit payer comptant [4]. » Lestoile nous
raconte aussi que, pendant le carnaval de
l'année 1595, « furent faits à Paris force bal-
lets, mascarades et collations ; et à la Cour

---

[1] *Journal de Lestoile,* 15 septembre 1594. — Henri IV
fit son entrée à Paris « aux flambeaux, entre sept et huict
heures du soir. »

[2] *Journal de Lestoile,* 6 novembre 1594.

[3] Henri IV avait marié Gabrielle à un gentilhomme picard
nommé Liancourt-Damerval.

[4] 12 novembre 1594.

encore plus, où les plus belles dames, richement parées et magnifiquement atournées, et
si fort chargées de perles et pierreries qu'elles
ne pouvoient se remuer, se trouvèrent [1]. »

L'inventaire des biens de Gabrielle est conservé aux Archives nationales. Il prouve à la
fois la passion et la folle générosité du roi
pour une femme qu'il avait enlevée à Belle-
garde, lequel avait lui-même succédé dans ses
bonnes grâces à Henri III, à Longueville, à
Brunet, à Stenay et à bien d'autres. La *Bibliothèque de l'école des chartes* a analysé ce docu-
ment, où figurent par vingtaines des manteaux,
des habits de cheval, des cotillons, des robes
d'un luxe insensé. Voici la description d'une
de ces dernières :

Une robe de veloux vert découpé en branchages,
doublée de toile d'argent, et icelle chamarrée de
passemens d'or et d'argent, avec des passe-poilz de
satin incarnadin. Ladite robbe à double queue,
garnie de son corps à grandz manches à la Bollon-
noise de mesme, avec les bourletz aussy de mesme.

Prisée par Nicolas Fleury, brodeur ordinaire du
Roy, maistre brodeur, huit cens escuz.

Le mot *corps* signifie ici corsage. Les *bour-
lets* ou bourrelets représentaient une sorte d'ai-

[1] 5 février 1595.

leron placée en haut de chaque manche, mode
que nos femmes viennent de reprendre.

Voulez-vous savoir ce que représentaient
les huit cents écus qu'avait couté cette jolie
robe? On aurait eu pour ce prix deux riches
carrosses et quatre magnifiques chevaux.
M. de Fréville, auteur de l'article que je cite,
ajoute en note :

Nous trouvons que la moitié seulement du prix
de cette robe de huit cents écus égale la valeur
réunie d'un attelage de quatre chevaux gris-pom-
melés, « aagés de cinq à six ans, prisez trois cents
escuz, » et d' « un carosse, doublé par dedans de
velours orangé, garny de franges de soye, à cres-
pines d'argent et picqué par escailles, prisé cent
escus[1]. »

Gabrielle était morte on 1599. L'année suivante, Henri IV se remariait. La nouvelle
reine portait ce nom de Médicis, déjà si funeste
à la France. Vingt-sept ans, grande et grosse,
triste, jalouse, acariâtre, revêche, tétue, bi-
gote, elle ne dissimula pas longtemps sa répu-
gnance pour un mari en qui elle devinait
un hérétique relaps. De là l'influence prise sur
elle par d'Épernon, jadis mignon de Henri III,

[1] *Bibliothèque de l'École des chartes*, 1re série, t. III
(année 1841-42), p. 158.

drôle violent et hautain qui avait toujours
fait profession de préférer l'Espagne à l'hé-
résie.

Marie de Médicis était arrivée, traînant
à sa suite un cortège de freluquets italiens
dont tout le souci fut de piaffer autour d'elle.
Depuis les expéditions de Charles VIII et de
Louis XII, surtout depuis l'avènement de
Catherine, c'est-à-dire depuis plus d'un siècle,
la France était ainsi exploitée par une bande de
Cisalpins, bavards, bruyants, vantards, avides,
qui ne purent la ruiner, mais qui infligèrent à
sa langue des flétrissures dont les traces sub-
sistent encore. C'est contre eux que Henri
Estienne écrivait en 1578 ses *Dialogues du
nouveau langage françois italianizé et autrement
desguizé, principalement par les courtisans de ce
temps.* Au son clair de la diphtongue *oi,*
ceux-ci substituaient celui de l'*é* fermé ou de
l'*è* ouvert : *moi, toi, foi, roi, loi, étroit, droit,*
etc., étaient prononcés par les uns *mé, té, fé,
ré, lé, étré, dré,* par d'autres *moè, toè, foè, roé,
loé, étret, dret,* etc., formes que nos paysans
ont conservées. Au lieu de dire *françois, harnois, j'irois, j'étois, je venois,* les courtisans
prononçaient, en insistant sur l'*s* finale, *français, harnais, j'irais, j'étais, je venais,* formes

qui ont fini par prévaloir. Les raffinés s'étaient
mis à bléser ; dans leur bouche, *affection* se
changeait en *afétion*, *Alexandre* en *Alesandre*.
Et puis, il était du meilleur goût de joindre la
première personne du singulier à celle du plu-
riel, de dire *j'avons*, *j'étions*, *j'aimions*, *j'alions*,
je venions [1]. François Ier, imitant le style qui
commençait à dominer autour de lui, écrivait
au connétable de Montmorency : « J'avons
espérance qu'y fera demain beau temps, veu
ce que disent les estoilles que j'avons eu très
bon loysir de veoir. Je n'oblie de vous dire
que nous avons failly le cerf, et Perot [2] s'en
est fouy, qui ne s'est ousé trouver devant
moy [3]. » Dans le baragouin des courtisans,
je fais, *je vais* devenaient *je foas*, *je voas* ; *trois
mois*, *troas moas* ; *avez-vous*, *à vous* ; l'o prenait le son de *ou*, *er* celui de *ar* : *chose*, *costé,
lionne*, *Rome*, *serment*, *guerre*, *Pierre* s'énon-

---

[1]   Pensez à vous, ô courtisans,
      Qui lourdement barbarisans
      Tousiours j'allion, je venion dites.

   (*Remonstrance aux courtisans amateurs du françois italianizé et autrement desguisé.* En tête des *Dialogues* de Henri
Estienne.)

   [2] Un chien sans doute.

   [3] *Lettres de Marguerite d'Angoulême, sœur de François Ier*,
publiées par F. Génin, p. 467.

çaient *chouse, cousté, lioune, Roume, sarment, guarre, Piarre* [1].

Pour avoir le portrait complet de ces aigrefins, il faut encore se les représenter marchant sur la pointe des pieds, branlant la tête en parlant, mâchant de l'anis confit et rongeant sans cesse un cure-dent. Si Henri II ou ses frères revenaient au monde (ce dont le diable nous garde), il est probable qu'ils auraient quelque peine à nous comprendre et nous prieraient de ne pas parler trop vite ; encore entendraient-ils mieux le langage d'un paysan que celui d'un Parisien.

Revenons à Marie de Médicis.

Il faut reconnaître que Henri lui fut fort infidèle, mais il se montra vis-à-vis d'elle aussi bon et aussi prodigue qu'il l'avait été pour Gabrielle, et il la laissa déployer souvent une magnificence qu'il n'approuvait guère. Avant la Révolution, les princes du sang, ondoyés au moment de leur naissance, n'étaient baptisés que beaucoup plus tard. Louis XIII, né le 27

---

[1]   N'estes vous pas de bien grands fous
   De dire *chouse* au lieu de *chose ?*
   De dire *j'ouse* au lieu de *j'ose ?*
   Et pour *trois mois* dire *troas moas ?*
   Pour je *fay, vay, je foas, je voas ?*
(*Remonstrance*, etc.)

septembre 1601, fut baptisé cinq ans après,
et la Cour exhiba à cette occasion un luxe
inouï. Bassompierre raconte qu'il se fit confectionner « un habit de toile d'or violette et de
palmes entrelacées, » qui devait être lourd,
car on l'agrémenta de perles pesant ensemble
cinquante livres. Tout compte fait, il revint à
quatorze mille écus, dont six mille pour la
façon. Bassompierre y ajouta une épée de
cinq mille écus [1], soit en tout dix-neuf mille
écus, représentant au moins deux cent mille
francs de notre monnaie. Suivant le continuateur de Jean de Serres, la robe de la reine ruis-
selait de pierreries, était « estoffée de trois
mille diamans et vingt-deux mille perles. » Le
duc d'Épernon avait ceint une épée dont la
garde brillait de dix-huit cents diamants. Enfin, écrit le même historien, « jamais ne fut
rien de plus admirable à la veuë, ny de plus
incroyable à l'ouye que la beauté, l'ornement
et le lustre des princesses et dames de la Cour.
Les yeux humains ne pouvoient soustenir la
splendeur de l'or, ny la candeur de l'argent,
ny le brillant des perles et pierreries qui couvroient leurs habillemens ; et tout ce qui se

[1] *Mémoires*, édit. Chantérac, t. I, p. 189.

peut recouvrer de précieux et de rare en estoffes revestoit les princes et seigneurs [1]. » On
ne nous dit pas quel costume portait le roi,
sans doute parce qu'il ne vaut pas la peine
d'être décrit. C'est que Henri IV ne se préoc-
cupait guère de sa toilette; mais, même en
pourpoint troué, il savait se concilier le respect de tous. On le retrouve tout entier dans
la jolie réponse qu'il fit, en 1598, aux députés
du clergé venus pour lui apporter leurs doléances : « Mes prédécesseurs, leur dit-il, vous
ont donné des paroles avec beaucoup d'ap-
parat; et moi, avec ma jacquette grise, je vous
donnerai des effets. Je suis gris au dehors,
mais tout or au dedans [2]. »

Du temps où il n'était encore que roi de
Navarre, il avait connu la gêne, presque la
misère. Les archives des Basses-Pyrénées con-
servent des pièces qui ne laissent sur ce point
aucun doute. En 1578, Henri est obligé d'em-
prunter soixante-sept livres « pour son ordinaire qui manquoit, faute d'argent. » En 1582,
il fait raccommoder quelques chemises [3]. Onze

[1] *Inventaire de l'histoire de France,* édit. de 1648, t. II,
p. 259.
[2] Lestoile, 27 septembre 1598.
[3] *Inventaire des archives des Basses-Pyrénées,* t. I,
p. 5 et 7.

jours avant son sacre et un mois et demi avant
la capitulation de Paris, « on lui ramène ses
grands chevaux, pour ce qu'il n'i avoit pas de
quoi les nourrir. Le roi, s'adressant à M. d'O[1],
lui demanda d'où cela venoit. « Sire, dit-il,
il n'i a point d'argent. — Ma condition, res-
pondit le Roy est bien misérable, on me fera
tantost aller tout nud et à pied. Puis, se re-
tournant vers un sien valet de chambre, lui
demanda combien il avoit de chemises : « Une
douzaine, sire, dist-il; encore i en a-t-il de
deschirées. — Et de mouchoirs, dit le Roy,
est-ce pas huit que j'ai? — Il n'i en a pour
ceste heure que cinq, dist-il [2]. »

Henri finit par remonter un peu sa garde-
robe, car, lors de son entrée solennelle dans
la capitale pacifiée, « il estoit monté sur un
cheval gris pommelé, avoit un habillement de
veloux gris tout chamarré d'or, avec le chapeau gris et le panache blanc [3]. » Mais, deux
ans plus tard, la détresse avait reparu, et
durant la campagne de Picardie, le roi de
France en était réduit à écrire à Sully : « Je
veux bien vous dire l'estat où je me trouve

[1] Le marquis d'O, surintendant des finances.
[2] Lestoile, *Journal de Henri IV*, 6 février 1594.
[3] Lestoile, 15 septembre 1594.

réduit, qui est tel que je suis fort proche des
ennemis, et n'ay quasi pas un cheval sur lequel
je puisse combattre, ny un harnois complect
que je puisse endosser. Mes chemises sont
toutes deschirées, mes pourpoints troüez au
coude; ma marmite est souvent renversée, et
depuis deux jours, je disne et souppe chez les
uns et les autres, mes pourvoyeurs disans
n'avoir plus moyen de me fournir pour ma
table, d'autant qu'il y a plus de six mois qu'ils
n'ont receu d'argent... Ne parlez de tout cecy
à qui que ce soit, non pas mesme à vostre
femme. Adieu, mon amy que j'ayme [1]. »

[1] Lettre du 15 avril 1596. Dans Sully, *OEconomies royales*,
édit. des 3 V verts, t. I, ch. LXIII, p. 309.

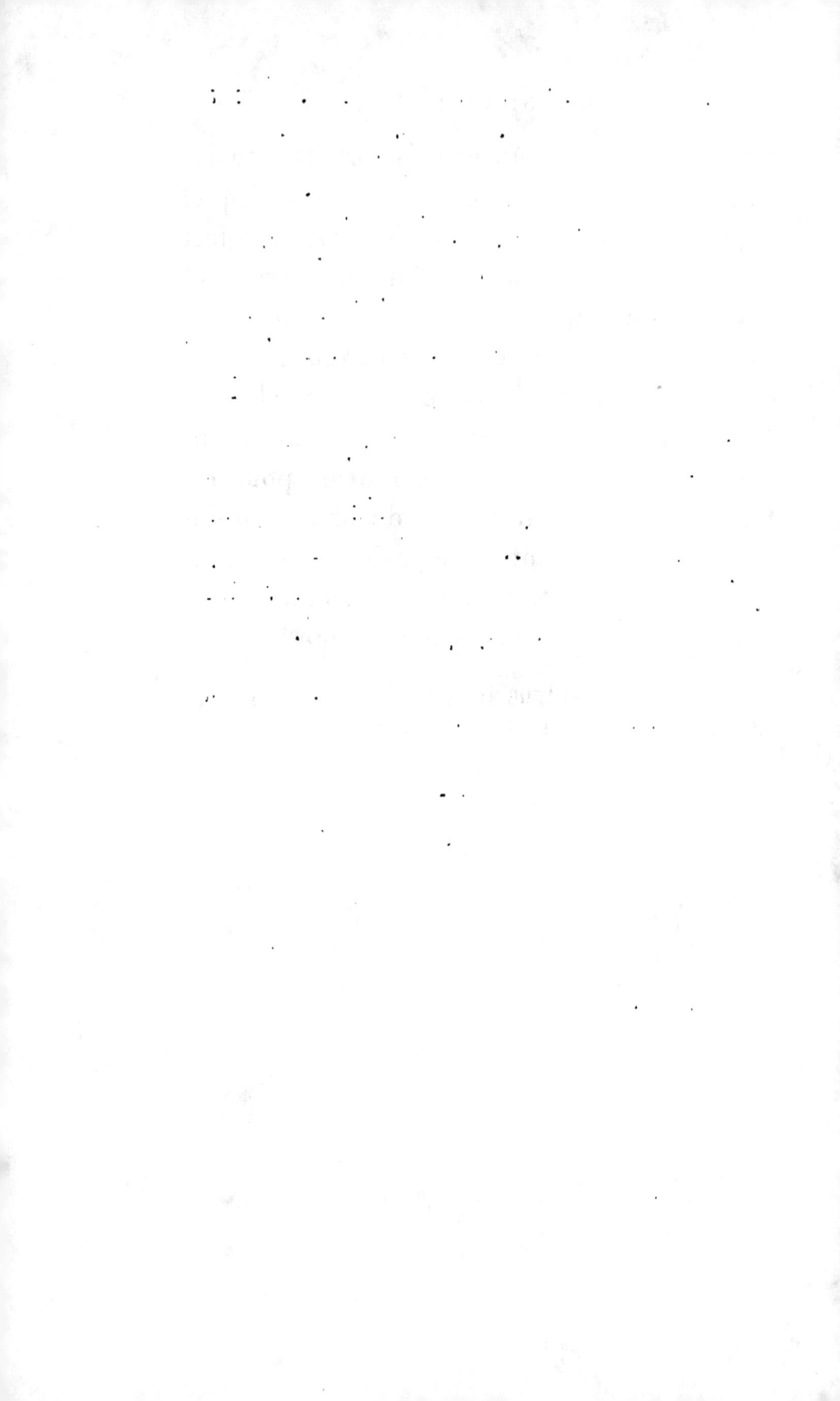

CHAPITRE VI

LES REGNES DE LOUIS XIII ET DE LOUIS XIV

I

LES HOMMES

Le vêtement au début du dix-septième siècle. — Le français italianisé. — La Fronde. — Les tailleurs. Analyse des statuts qui leur sont accordés en 1660. — *Le tailleur sincère*. — Tailleurs attachés à la personne de Louis XIV. — Histoire du justaucorps à brevet. — Le justaucorps, la veste, le pourpoint, la rhingrave. — Les rubans. — Les lois de la galanterie. — Les galants, les canons, le rond de bottes, la petite oie. — Les arbitres de la mode au dix-septième siècle : Montauron, Candale, Fouquet, Lauzun, Vardes, du Lude, Langlée, Villeroi. — Molière. — Scarron et Labruyère. — Modifications apportées au costume durant la vieillesse de Louis XIV. — Luxe déployé au mariage du duc de Bourgogne. — Deux fables d'Eustache Lenoble. — L'année même de sa mort, Louis XIV porte 12,500,000 francs de diamants sur son habit.

Je tiens à rappeler ici que ce petit volume est consacré à l'histoire du vêtement proprement dit, c'est-à-dire à la partie du costume qui de nos jours représente la spécialité des tailleurs et des couturières. On ne s'étonnera donc point de me voir raconter un peu vite la succession des modes écloses durant le dix-septième siècle, époque caractérisée par l'importance qu'y prennent les perruques, les dentelles, les rubans, les bottes, les gants et les parfums.

Au reste, cette période commence bien. A coup sûr, je n'entends pas faire allusion à l'avènement de Louis XIII, indigne fils du Béarnais, qui tint tout de sa mère et ne ressembla en rien à son père. Richelieu ne put avoir aucune influence sur le costume, l'Église lui ayant fourni le sien. C'est cependant sous cette double domination que fut adopté un fort louable habillement, simple sans vulgarité, élégant sans clinquant, ne dessinant pas trop les formes du corps et se prêtant bien à tous ses mouvements.

Le chapeau à larges bords est gracieux et fait pardonner l'ampleur du rabat qui couvre une partie des épaules. Le pourpoint, boutonné du haut, s'entr'ouvre ensuite de manière à laisser apercevoir le linge. Le haut-de-chausses, image raccourcie de notre pantalon actuel, descend jusqu'au milieu du mollet, où il rencontre le large revers des bottes. Par-dessus tout cela flotte, retenu sur l'épaule gauche, un

UN BAL SOUS LOUIS XIII. D'après Abraham Bosse.

petit manteau, alourdi par un vaste collet, et
qui ne dépasse guère la taille; c'est celui que
les mauvaises langues du temps ont nommé
manteau à la clistérique [1].

Fait étrange, ce costume gracieux et commode subsista longtemps, à peine modifié par
le caprice de quelques originaux. Les raffinés
s'en montrent satisfaits et y restent fidèles. Ils
ne renoncent pas non plus à leur habitude de
maltraiter la langue française. On ne dit plus :
il a de l'esprit, mais *il a esprit ; je l'ai traité en
faquin*, mais *je l'ai traité de faquin*. Il est toujours du bon ton de prononcer, en insistant
sur toutes les lettres : *paroit, disoit, chouse,
contantemans, genteilhomme*, etc. [2]. Qui nous
délivrera de ces italianismes ? Un Italien. La
Fronde va naître. La presse politique déchire
ses langes, et en une année neuf cents pam-
phlets dirigés contre Mazarin se répandent dans
la capitale [3]. Comme ils ne sont pas rédigés par
des gens de Cour, l'on y raille sans pitié l'accent du premier ministre :

---

[1] *Le Diogène François*, dans Éd. Fournier, *Variétés historiques*, t. I, p. 12.

[2] Voy. *Le satyrique de la Cour* (1624). Dans Éd. Fournier,
Variétés, t. III, p. 262. — *Les lois de la galanterie* (1644),
p. 24 et suiv.

[3] Gabriel Naudé, *Jugement de tout ce qui a esté imprimé
contre le cardinal Mazarin*, p. 105.

C'est merveille comme il desgoise
Quand il veut en langue françoise.
Il sçait fort bien dire, *Buon jour,*
Comme vous pourtez-vous, moussour,
Jo vous fars pour assurance
Oun jour quelque bénévolance [1].

Mazarin n'en triomphe pas moins de la Fronde, et derrière le trône se dresse de nouveau une robe rouge. Franchissons une dizaine d'années, et arrivons au jour où Louis XIV, affranchi de toute tutelle, est réellement roi.

Dans le petit monde qui nous occupe, notre attention doit se porter d'abord sur la communauté des tailleurs. J'ai dit [2] que, vers 1630, ceux-ci ayant hérité pour une part de la corporation des chaussetiers, prirent dès lors le titre de *tailleurs d'habits-chaussetiers.* En 1655, voulant concentrer entre leurs mains le privilège de « faire et vendre toutes sortes d'habits dont l'on se sert et dont l'on pourra se servir à l'avenir pour couvrir et habiller toutes sortes de personnes, de quelque qualité, âge et sexe qui se puissent présenter [3], » ils s'entendirent avec les pourpointiers, seuls concurrents qui

[1] *La Juliade ou discours de l'Europe à Mgr le duc d'Orléans.* 1650, in-4°, p. 10.
[2] Voy. ci-dessus, p. 68.
[3] *Statuts de* 1660, art. 2.

leur restassent. Un contrat d'union fut passé,
le 28 juillet, entre les maîtres des deux communautés, et ils s'intitulèrent à dater de ce
moment *tailleurs d'habits-pourpointiers-chaussetiers*. Cette réunion donna naissance aux statuts de 1660, qui restèrent en vigueur, à peu
près sans changements, jusqu'à la Révolution.

Aux termes de ces statuts [1] :

Chaque maître ne pouvait avoir à la fois
qu'un seul apprenti[2], et la communauté ne
devait pas recevoir plus de dix maîtres par an[3].

L'apprentissage durait trois ans, et était
suivi de trois ans de compagnonnage [4]. Le
nombre des compagnons employé par chaque
maître ne pouvait dépasser six[5] ; tous étaient
logés et nourris chez leur maître, « à ses gages,
pain, pot, lit et maison, disent les statuts. »
Leur salaire était fixé à quatre livres par mois
pour les meilleurs, à trois livres et à quarante
sous pour les autres, à dix sous par jour pour
ceux qui travaillaient à la journée[6].

---

[1] *Statuts et ordonnances des marchands maîtres tailleurs
d'habits-pourpointiers-chaussetiers de la ville, fauxbourgs
et banlieue de Paris*, 1763, in-12, p. 53.

[2] Article 6.

[3] Article 7.

[4] Article 6.

[5] Article 27.

[6] Article 12.

Tous les aspirants à la maitrise étaient soumis à l'épreuve du *chef-d'œuvre*[1]. Les fils de maitre ne devaient que l'*expérience*[2], épreuve beaucoup plus facile[3].

Les veuves de maitre pouvaient continuer le commerce de leur mari, tant qu'elles ne se remariaient pas à un homme étranger au métier. Il leur était cependant interdit d'employer plus d'un ouvrier[4].

Aucun maitre tailleur ne devait habiter une maison occupée par un fripier, « attendu les abus qui s'y passent tous. les jours, en avouant les habits et marchandises faites par entreprise par lesdits fripiers[5]. »

Les tailleurs avaient encore le privilège exclusif de faire, sans aucune exception, tous les vêtements des deux sexes[6].

Tout tailleur qui gâtait une étoffe à lui

---

[1] Articles 5 et 26.

[2] Article 8.

[3] Voy. *Comment on devenait patron*, p. 189 et suiv.

[4] Article 11.

[5] Article 32.

[6] Articles 2, 4, 10, 13. — En vertu de ces articles, ils se chargeaient de fournir toutes les parties du costume, même celles qu'il leur était impossible de confectionner. C'est ainsi qu'on voit dans *Le bourgeois gentilhomme* (acte II, scène 8), le tailleur de M. Jourdain envoyer à son client des bas trop étroits et des souliers qui le blessent furieusement.

remise ou manquait la taille[1] d'un vêtement devait des dommages-intérêts à son client. Les jurés, seuls juges du différend, infligeaient en outre au coupable une amende[2].

En raison de la fraternité qui devait régner entre tous les membres d'une même corporation, les maîtres sans ouvrage se réunissaient dans un lieu spécial, où les maîtres plus heureux venaient les trouver et leur fournissaient du travail, « afin qu'ils puissent être tous occupés de leur métier et gagner leur vie[3] ».

---

[1] La coupe.

[2] « Quiconque sera reçu maître marchand tailleur d'habits-pourpointier à Paris, s'il arrive qu'il taille mal ou gâte les habits qui lui seront commandés, par sa faute, après avoir été vus et visités par les maîtres jurés et gardes dudit métier, s'ils rapportent par leur serment que les étoffes soient empirées ou gâtées, le maître qui aura ainsi mal fait ou gâté les étoffes indemnisera celui qui lui aura mis en main lesdites étoffes du dommage et perte qu'il aura souffert par la faute et ignorance dudit maître, et outre sera condamné en telle amende qui sera jugée digne de la faute. » Article 16.

[3] « Et sera destiné un lieu par les maîtres, jurés et gardes de ladite communauté, où les maîtres qui manqueront d'ouvrages de leur métier se trouveront pour en faire pour ceux qui en auront de trop, afin qu'ils puissent être tous occupés de leur métier, et gagner leur vie. Et qui fera le contraire, il payera soixante livres d'amende, dont le tiers sera appliqué à la confrérie de ladite communauté, un autre tiers à l'Hôpital-Général, et la troisième partie au dénonciateur. » Article 12.

Les ouvriers arrivant à Paris s'adressaient au clerc de la communauté, qui se chargeait de les placer[1].

Quatre jurés, élus pour deux ans, administraient la corporation. L'élection était faite par cent vingt maîtres désignés à tour de rôle. Les candidats devaient savoir lire et écrire, et avoir au moins dix années de maîtrise[2]. Les jurés et les bacheliers[3] élisaient encore seize jeunes maîtres, qui étaient chargés des visites ordinaires dans les magasins; chacun d'eux devait en faire au moins une par semaine[4]. Les jurés procédant aux visites étaient tenus de revêtir leur robe et leur toque[5], et de se

---

[1] « Tous garçons et compagnons tailleurs seront tenus de prendre maître incontinent qu'ils seront arrivés en ladite Ville et Fauxbourg de Paris, dans la huitaine du jour de leur arrivée, ou bien se retirer vers le clerc dudit métier, pour leur être pourvu d'un maître, ou sortir de la Ville, Fauxbourgs et Banlieue, à peine de prison... Et ne pourront lesdits compagnons et garçons tailleurs être placés chez les maîtres que par le clerc dudit métier, afin de les pouvoir trouver si besoin étoit. Et défenses sont faites audit clerc de les placer autre part que chez les maîtres dudit métier, sur peine de soixante livres d'amende contre les contrevenans. » Article 22.

[2] Article 24.

[3] On appelait bacheliers les maîtres qui avaient passé par la jurande.

[4] Article 20.

[5] Article 34.

faire accompagner par un sergent ou un commissaire du Châtelet[1].

Le nombre des maîtres était alors d'environ seize cents[2].

Comme aux siècles précédents, c'était toujours le client qui fournissait l'étoffe à son tailleur. M. Jourdain lui-même ne faisait pas autrement[3].

Une communauté de frères tailleurs, établie sur le modèle de celle des frères cordonniers, avait été fondée en 1645. Elle fut successivement installée dans la rue Saint-Denis, puis près de la rue Sainte-Opportune, et enfin rue Bertin-Poirée.

En 1671, un tailleur de Paris, nommé B. Boullay, consacra à son art un grand volume

---

[1] Articles 22 et 24. — Sur ces visites, voyez *Comment on devenait patron*, p. 102, 232 et suiv.

[2] Article 24.

[3]   M. JOURDAIN, regardant l'habit du tailleur.

Ah! ah! monsieur le tailleur, voilà de mon étoffe du dernier habit que vous m'avez fait. Je le reconnois bien.

LE MAÎTRE TAILLEUR.

C'est que l'étoffe me sembla si belle que j'en ai voulu lever un habit pour moi.

M. JOURDAIN.

Oui; mais il ne falloit pas le lever avec le mien.

(*Le bourgeois gentilhomme*, pièce jouée en 1670, acte II, scène VIII.)

in-folio [1], dont Colbert accepta la dédicace [2] et qui est orné d'un très beau portrait du grand ministre.

A la personne de Louis XIV étaient attachés trois tailleurs, qui devaient « se trouver tous les matins en la garderobe du Roy pendant qu'il s'habille, en cas qu'il y eût quelque chose à coudre ou à raccommoder aux habits [3]. »

En 1683, le tailleur de la reine se nommait George Marie [4]. Le roi avait pour premier tailleur : en 1672 le sieur Ourdault [5], et en 1692 le sieur Barthélemy Autran [6], qui occupait encore cette position en 1712, avec son fils Jean-Barthélemy en survivance. Chacun des tailleurs du roi recevait six cents livres de gages et avait bouche à Cour toute l'année [7], ce qui veut dire qu'ils étaient nourris au

---

[1] *Le tailleur sincère, contenant les moyens pour bien pratiquer toutes sortes de pièces d'ouvrage pour les habits d'hommes et la quantité des estoffes qu'il y doit entrer de chaque espèce...*

[2] « Monseigneur, Les soins que vous voulez bien prendre pour toutes les manufactures de ce royaume, et particulièrement pour celles des estoffes, m'ont fait prendre la hardiesse de vous offrir ce petit recoeüil... »

[3] *L'estat de la France pour* 1672, p. 102.

[4] Manuscrits Delamarre, arts et métiers, t. IX, p. 128.

[5] *Estat de la France, ibid.*

[6] *Le livre commode pour* 1692, t. II, p. 58.

[7] Trabouillet, *État de la France pour* 1712, t. I, p. 201.

palais, qu'ils avaient leur place marquée à
l'une des nombreuses tables qui y étaient ser-
vies.

C'était un précieux privilège, et les artisans
qui en jouissaient représentaient bien l'aristocratie de leur corporation. En ce qui touche
celle des tailleurs, restée un peu dans l'ombre
durant les règnes de Henri IV et de Louis XIII,
elle avait le droit d'espérer une revanche écla-
tante à l'avènement d'un roi jeune et beau,
passionné pour la magnificence sous toutes
les formes. Toutefois, ce roi fait une exception, une seule, il prohibe avec une inflexible
volonté l'or et l'argent sur les vêtements...
de ses sujets. Ce sera là un luxe à part, qu'il
réserve pour lui, pour certains officiers de ses
troupes et pour quelques privilégiés. Je n'ai
pu retrouver la première ordonnance rendue
à cette occasion, mais elle fut souvent renou-
velée dans la suite. Celle du 29 décembre
1644[1] s'exprime ainsi : « N'entend non plus
comprendre Sa Majesté dans les susdites défenses les juste au corps des seigneurs et gentils hommes de sa Cour et suite, ausquels Sa
Majesté aura permis, par ordre et brevet signé

---

[1] Delamarre, *Traité de la police*, t. I, p. 406.

d'Elle, de pouvoir porter de l'or et de l'argent,
soit gallon, dentelle ou broderie, sur leur juste
au corps. » Ainsi fut créé le *justaucorps à bre-*
vet, dont on s'est beaucoup moqué depuis,
mais auquel aspirait tout courtisan, car le
nombre en était limité, et la faveur du maître
pouvait seule l'accorder. Bussy-Rabutin écrivait le 3 décembre 1662 :

> Le Roi me parut si gracieux en me parlant, que
> cela m'obligea de lui demander la permission de
> faire faire une casaque bleue, ce qu'il m'accorda.
>
> C'étoit peu de chose... Mais il faut savoir que
> Sa Majesté avoit fait choix, au commencement de
> cette année, de soixante personnes qui le pourroient
> suivre à tous ses petits voyages de plaisir sans lui
> en demander permission, et leur avoit ordonné de
> faire faire chacun une casaque de moire bleue en
> broderie d'or et d'argent pareille à la sienne [1].

Saint-Simon nous apprend encore que cette
casaque était « doublée de rouge, brodée d'un
dessin magnifique, or et un peu d'argent...
Jusqu'à la mort du roi, dès qu'il en vaquoit
une, c'étoit à qui l'auroit entre les gens de Cour
les plus considérables, et si un jeune seigneur
l'obtenoit, c'étoit une grande distinction [2]. »

---

[1] *Mémoires*, 3 décembre 1662, édit. Lalanne, t. II,
p. 133.

[2] *Mémoires*, édit. de 1874, t. XII, p. 69.

Ce bienheureux personnage recevait alors
un brevet signé du roi et contresigné par
un secrétaire d'État. J'en copie l'auguste formule sur celui qui fut accordé en 1665 au
prince de Condé :

Aujourd'hui, 4 du mois de février 1665, le Roi
étant à Paris, ayant par son ordonnance du 17 janvier dernier[1], ordonné que personne ne pourroit
faire appliquer sur les justaucorps des passemens
de dentelles ou broderies d'or et d'argent, sans
avoir la permission expresse de Sa Majesté par
brevet particulier : Sa Majesté, désirant gratifier
M. le prince de Condé, et lui donner des marques
particulières de sa bienveillance qui le distinguent
des autres auprès de sa personne et dans sa Cour,
elle lui a permis et permet de porter un justaucorps
de couleur bleue, garni de galons, passemens, dentelles ou broderies d'or et d'argent, en la forme et
manière qui lui sera prescrite par Sa Majesté. Sans
que, pour raison de ce, il lui puisse être imputé
d'avoir contrevenu à la susdite ordonnance ; de la
rigueur de laquelle Sa Majesté l'a relevé et dispensé,
relève et dispense par le présent brevet. Lequel,
pour témoignage de sa volonté, elle a signé de sa
main et fait contresigner par moi son conseiller

---

[1] Cette ordonnance, qui est datée du 16 et non du 17
janvier, a été publiée pour la première fois (et par extraits)
dans la *Revue rétrospective* (3e série, t. II, 1838, p. 381).
Elle se borne à renouveler les édits précédents et en particulier l'ordonnance du 24 décembre 1644, que j'ai citée
plus haut.

secrétaire d'État et de ses commandemens et finances.

La forme de ce vêtement dut changer plusieurs fois, et ces modifications procurèrent au marquis de Vardes, courtisan accompli, l'occasion d'un joli mot que madame de Sévigné nous a conservé. Vardes, ami du jeune roi et confident de ses premières amours, abusa des secrets qu'il possédait, et fut exilé en 1664. Rappelé dix-neuf ans après, il reparut à la Cour avec le justaucorps à brevet qu'il portait au temps de sa faveur. Le roi s'en moqua, et M. de Vardes lui dit : « Sire, quand on est assez misérable pour être éloigné de vous, non seulement on est malheureux, mais on est ridicule[1]. »

Le nombre de ces justaucorps était de quarante seulement en 1686[2]. A la fin du règne, ils ne conféraient plus guère d'autre prérogative que celle de pouvoir « être portés quoiqu'on fût en deuil de Cour ou de famille, pourvu que le deuil ne fût pas grand ou qu'il fût sur ses fins[3]. » Ils n'en restaient pas moins recherchés. Le Régent accorda le justaucorps

---

[1] *Lettre* du 26 mai 1683, t. VII, p. 237.
[2] Dangeau, *Journal,* 27 septembre 1686, t. I, p. 393.
[3] Saint-Simon, t. XII, p. 70.

bleu à M. de Saint-Sernin en 1717[1], au comte
de Guise en 1719[2] et à bien d'autres encore.
Puis, il « en donna à qui en voulut, sans
s'arrêter au nombre, et les fit par là tomber
tout à fait[3]. »

Pour les simples mortels, le justaucorps
était un vêtement de dessus qui datait du
règne de Louis XIII. Il recouvrait alors le
pourpoint et était lui-même recouvert du
manteau[4]. Sous Louis XIV, le justaucorps
devint plus ample et plus long, prit l'aspect
d'une redingote droite à jupe un peu étoffée,
et on commença à lui donner le nom d'habit.
Vers 1670, le pourpoint disparaît, et est remplacé par le justaucorps, sous lequel s'étale la
veste, ample gilet muni de poches.

Le pourpoint n'avait pas conservé jusque-là
la forme gracieuse qu'il adoptait sous le règne
précédent. Il fut raccourci de manière à laisser

---

[1] D'Argenson, *Journal*, édit. Rathery, t. I, p. 22.

[2] Nous avons son brevet, qui diffère seulement au début
de celui que j'ai reproduit ci-dessus. En voici les premières
lignes : « Aujourd'hui, quinzième février 1719, le Roi étant
à Paris, désirant traiter favorablement M. le comte de Guise,
Sa Majesté, de l'avis de M. le duc d'Orléans, Régent, lui a
permis et permet de porter un justaucorps, etc. » *Revue
rétrospective*, année 1838, p. 381.

[3] Saint-Simon, t. XIII, p. 287.

[4] Tallemant des Réaux, t. IX, p. 273.

entre lui et le haut-de-chausses un vide par
lequel bouffait la chemise. Elle en faisait autant sur la poitrine, débordant le pourpoint
largement ouvert. Madame de Motteville trouvait très ridicules ces « petits pourpoints qui
ne couvroient ni le corps ni l'estomac[1]. »
Frosine aussi se moquait avec Harpagon de
« l'estomac débraillé des jeunes blondins, »
et ne comprenait pas que l'on pût « s'attacher
à ces animaux-là[2]. »

Afin qu'un flot de linge divisât bien le corps
en deux parties, le haut-de-chausses était
attaché très bas. Celui qui caractérise cette
époque est la rhingrave, « cotillon » assez
semblable à la large culotte de nos zouaves.
La mode en fut introduite par un grand seigneur étranger[3], Charles, comte palatin du
Rhin[4] et frère de la princesse palatine, qui
était elle-même belle-sœur de Louis XIV et
devint mère du Régent. Il fut blessé au siège
de Maëstricht en combattant avec nos troupes[5],
et il passa plusieurs années en France, où

---

[1] *Mémoires*, édit. Petitot, t. XL, p. 54.
[2] *L'Avare*, joué en 1668, acte II, sc. v.
[3] Voy. Ménage, *Dictionnaire étymologique*, t. II, p. 408.
[4] Voy. Dangeau, *Mémoires*, 29 octobre 1688, t. II, p. 198.
[5] Mme de Sévigné, *Lettre* du 31 juillet 1676, t. IV, p. 559.

il était toujours nommé M. le Rhingrave[1].
En 1666, Alceste raillant Célimène, lui disait :

Est-ce par les appas de sa vaste rhingrave
Qu'il a gagné votre âme en faisant votre esclave[2]?

et en 1670, le tailleur du *Bourgeois gentilhomme* se vantait d'avoir « un garçon qui
pour monter une rhingrave est le plus grand
génie du monde, et un autre qui pour assem-
bler un pourpoint est le héros de son temps[3]. »

Le justaucorps, la veste et la rhingrave
constituent le vêtement classique des belles
années de Louis XIV. Il faut y ajouter les
rubans, qui remplacent les ornements d'or et
d'argent prohibés par les édits somptuaires.
Aucune époque n'en fit un pareil abus. Dès
1661 Sganarelle ne voulait pas entendre parler

... De ces cotillons appelés hauts-de-chausses,
De ces souliers mignons, de rubans revêtus
Qui vous font ressembler à des pigeons pattus,
Et de ces grands canons où, comme en des entraves,
On met tous les matins ses deux jambes esclaves,
Et par qui nous voyons ces messieurs les galants
Marcher écarquillés ainsi que des volants[4].

---

[1] *Rheingraf,* comte du Rhin.
[2] *Le Misanthrope,* acte II, sc. I.
[3] Acte II, sc. VIII.
[4] *Volants,* ailes de moulins à vent. — *L'école des maris,*
acte I, sc. I.

Quatre ans après, Pierrot décrivant à Char-
lotte le costume des gens de Cour lui disait :

Que d'histoires et d'engingorniaux boutent ces
messieurs-là les courtisans ! Je me perdrois là
dedans, pour moi, et j'étois tout ébaubi de voir
ça... En lieu d'haut-de-chausses, ils portent une
garderobe aussi large que d'ici à Pâques ; en lieu de
pourpoint, de petites brassières qui ne leur viennent
pas jusqu'au brichet[1]... Ils ont de grands entonnoirs
de passement aux jambes, et parmi tout ça, tant de
rubans, tant de rubans que c'est une vraie piquié.
Ignia pas jusqu'aux souliers qui n'en soient farcis
tout depuis un bout jusqu'à l'autre[2].

Cette orgie de rubans ne doit pas être trop
reprochée à Louis XIV, car ses débuts datent
du temps où il était encore enfant. Un très
curieux manuel du bon ton en 1644 donnait
aux gens du bel air les conseils suivants :

Il y a de certaines petites choses qui coustent
peu, et néantmoins parent extrêmement un homme,
faisant connoistre qu'il est entièrement dans la
galanterie, d'autant que les mélancoliques, les
vieillards, les sérieux et les personnes peu civili-
sées n'en ont point de mesme ; comme par exemple
d'avoir un beau ruban d'or et d'argent au chapeau,
quelquefois entremeslé de soye de quelque belle
couleur, et d'avoir aussi au devant des chausses

[1] Creux de l'estomac.
[2] *Don Juan*, acte II, sc. 1.

François

D'après Manesson Mallet.

sept ou huict des beaux rubans satinez et des couleurs les plus esclatantes qui se voyent. L'on a beau dire que c'est faire une boutique de sa propre personne, et mettre autant de mercerie à l'estallage que si l'on en vouloit vendre, il faut observer néantmoins ce qui a cours. Et pour monstrer que toutes ces manières de rubans contribuent beaucoup à faire parestre la galanterie d'un homme, ils ont emporté le nom de *galands* par préférance sur toute autre chose[1].

En réalité, ces galants étaient des coques de rubans que l'on posa d'abord un peu partout, sur l'épaule, le long des ouvertures du pourpoint, autour du haut et du bas-de-chausses, sur les souliers, aux poignets, à la garde de l'épée, etc. Ils finirent par trouver leur place sur le haut du corps principalement, et aussi sur le ventre où ils représentaient un petit tablier finissant en pointe. Corneille, dès 1634, mentionne les galants dans *La galerie du Palais* :

Si tu fais ce coup-là, que ton pouvoir est grand !
Viens, je te veux donner tout à l'heure un galant[2],

dit Aronte, écuyer de Lysandre. Onze ans après, Scarron met en scène un jeune libertin,

---

[1] *Les loix de la galanterie*, réimpression de 1855, p. 17.
[2] Acte IV, sc. xiv.

> Un plisseur de canons, un de ces fainéans
> Qui passent tout un jour à nouer des galans[1].

Tout le monde en portait, même les valets comme Gros-René[2], mais ces galants-là étaient faits de neige[3] et de nonpareille[4].

Une Mazarinade de 1650 leur dit bien leur fait :

> Aujourd'huy sous mille galans,
> Rouges, gris, bleus, jaunes, noirs, blancs,
> Le dameret trouve son conte[5],
> Car il cache en effet sa honte.
> Ça, qu'on luy donne des canons
> Qui soient doubles, larges et longs,
> Et qui soient bordez de dantelle
> A la Fronde la plus nouvelle[6].

Qu'ils fussent ou non *à la Fronde,* les canons garnissaient le genou, et avaient pour mission de réunir le haut-de-chausses au bas-de-chausses. C'était un large rouleau de toile, autour duquel s'attachaient des dentelles et des rubans. Un peu plus bas, le vaste épanouis-

---

[1] *Jodelet,* acte II, sc. v.

[2] *Dépit amoureux,* acte IV, scène iv.

[3] Dentelle très commune faite au métier. (Voy. le *Dictionnaire de Trévoux,* t. VI, p. 171.) On en faisait aussi des rabats. (Voy. Courval-Sonnet, *Satyre ménippée,* p. 26.)

[4] Étroit ruban sans valeur.

[5] Sic.

[6] *Vers à la Fronde sur la mode des hommes,* p. 9.

sement des bottes se remplissait d'un fouillis
de dentelles, dit *rond de bottes*, et c'était tout
un art de marcher sans froisser l'un contre
l'autre ces deux choux encombrants. Écoutons
encore les *Loix de la galanterie* :

Si un autheur a dit aussi qu'il se formalise de ce
rond de bottes faict comme le chapiteau d'une
torche, dont l'on a tant de peine à conserver
la circonférence qu'il faut marcher en escarquillant
les jambes, comme si l'on avoit quelque mal caché,
c'est ne pas considérer que des gents qui observent
ces modes vont à pied le moins qu'ils peuvent...
Quant aux canons de linge que l'on estalle au
dessus, nous les approuvons bien dans leur simplicité quant ils sont fort larges et de toille baptiste
bien empesée, quoyque l'on ait dit que cela res-
sembloit à des lanternes de papier, et qu'une lingère du Palais s'en servit ainsi un soir, mettant sa
chandelle au milieu pour la garder du vent. Afin
de les orner davantage, nous voulons que d'ordinaire il y ait double et triple rang de toille, soit
de baptiste soit de Hollande, et d'ailleurs cela sera
encore mieux s'il y peut avoir deux ou trois rangs
de poinct de Gênes, ce qui accompagnera le jabot
qui sera de mesme parure. Vous sçaurez que comme
le cordon et les esguillettes s'appellent la *petite oye*,
l'on appelle *jabot* l'ouverture de la chemise sur
l'estomach, laquelle il faut tousjours voir avec ses
ornemens de dentelles, car il n'appartient qu'à

---

[1] Voy. plus loin.

quelque vieil penard d'estre boutonné tout du
long[1].

Le jeune seigneur dont je reproduis ici
l'image, d'après une gravure qui date de 1650,
porte au chapeau le beau *ruban* d'or dont j'ai
parlé, des *galants* parent ses épaules et son
ventre, des *canons* terminent son haut-de-
chausses, et des *ronds de bottes* s'étalent au-
dessus de sa chaussure.

J'ai dit ce que Molière pensait des canons
en 1661, mais on n'avait pas attendu jusque-
là pour faire leur procès. Cinq ans auparavant,
Loret nous présentait le seigneur Nobilis, très
fier de porter jusqu'à seize cents galons sur
son haut-de-chausses, et qui

> Voyoit avec ravissement
> Ses rubans de couleur exquize
> Et ses canons d'étofe grize,
> Qui de rondeur (mensonge à part)
> Avoient deux aunes demy-quart.

Des enfants jouaient à cligne-musette autour de l'élégant gentilhomme, et deux d'entre
eux eurent l'heureuse inspiration de s'aller
dissimuler dans ses vastes canons,

> Lequel le voulut bien. Et comme
> Ils étoient spacieux assez,

[1] Page 15.

UN ÉLÉGANT VERS 1650.

D'après une gravure du temps.

Ils y furent si bien mussez
Qu'on ne leur voyoit piés ny teste ;
Et tant que dura cette queste,
Grace à Messieurs les canons gris,
Ils n'y furent trouvez ny pris.

Et Loret conclut ainsi :

Ma muze et moy nous maintenons
Que ces démezurez canons
Sont une extravagante mode,.
Laide, embarrassante, incommode.
Cependant, Messieurs les coquets
Dizent qu'outre leurs doux caquets,
Cet atirail est nécessaire
Pour ravir, pour charmer, pour plaire,
Que l'honneur, l'esprit, la vertu,
Sont estimez moins qu'un fêtu
Dans l'empire des amourètes,
Et que pour dompter les coquètes,
Les Suzons, Fanchons et Nanons,
On ne le peut pas sans canons[1].

C'était alors, et ce pourrait bien être encore, l'avis de tout le monde. L'année même où Loret écrivait ces lignes, Michel de Marolles nous révélait que la mise d'un jeune dameret comportait jusqu'à trois cents aunes de rubans. « Les femmes trouvent cela beau, » ajoute-t-il[2].

[1] *Muze historique*, n° du 3 juin 1656.
[2] *Mémoires*, t. II, p. 306.

Il y avait des protestations :

L'argent ne nous vient pas si vite que l'on pense,
Chacun de tes rubans me coûte une sentence,

dit Dandin à son fils[1]. Mais Dandin était un
vieux justiciard. Les financiers n'y regardaient
pas de si près, et deux seigneurs étrangers,
qui visitèrent Paris en 1677, constatèrent
avec admiration que « le sieur de la Basinière
avoit un habit dont la petite oye estoit de
deux cent cinquante aulnes de rubans[2]. »

A cette date, on appelait *petite oie* les cordons, les aiguillettes, les galants, l'ensemble
des fanfreluches qui constituaient les accessoires du vêtement proprement dit. En ce sens,
l'expression date du dix-septième siècle. Molière fait dire par Mascarille aux *précieuses*[3] :
« Que vous semble de ma petite oie, la trou-
vez-vous congruante à l'habit ? » Jusque-là,
ces mots avaient désigné « le cou, les bouts
d'ailes, les pieds, le gésier et autres issues
d'une oye[4], » en somme ce que nous nommons aujourd'hui l'*abatis*. La bête reste recon

---

[1] *Les plaideurs,* acte I, sc. IV.
[2] A.-P. Faugère, *Journal d'un voyage à Paris en* 1657,
p. 57.
[3] Scène x.
[4] *Dictionnaire de l'Académie,* édit. de 1694, t. II, p. 166.

naissable après qu'on lui a ôté tout cela, et il
en était de même de l'élégant que l'on avait
dépouillé de sa petite oie. Dans un ordre
d'idées à peu près semblable, on donnait encore ce nom à toutes les menues faveurs accor-
dées par une femme « au deça de la dernière, » dit galamment Ménage[1]. Lafontaine
est plus précis :

> Au demeurant, je n'ai pas entrepris
> De raconter tout ce qu'il obtint d'elle :
> Menu détail, baisers donnés et pris,
> La petite oie ; enfin ce qu'on appelle
> En bon françois les préludes d'amour[2].

Parmi les arbitres de la mode en ce siècle,
l'ordre chronologique attribue la première
place au financier Montauron. Tout riche qu'il
était, il finit par se ruiner à ce sot métier, et
il avait perdu toute influence quand Louis XIV
devint roi.

Gaston de Nogaret de Foix, duc de Candale
et neveu de l'odieux d'Épernon, tint pendant
un moment le sceptre de l'élégance, et mourut à trente et un ans. Saint-Évremont, dont

---

[1] *Dictionnaire étymologique*, édit. de 1750, t. II, p. 352.
— Voy. aussi Tallemant des Réaux, t. II, p. 369 ; t. V,
p. 456, etc.
[2] *L'oraison de saint Julien.*

il était l'ami, l'a dépeint comme le plus galant chevalier de son temps[1].

Fouquet fut moins un muguet que ce que l'on appelait déjà un homme à bonnes fortunes ; encore est-ce surtout son argent qui les lui procurait. Mais Lauzun, cadet de Gascogne et « le plus insolent petit homme qu'on eût vu depuis un siècle[2], » faillit épouser une princesse du sang royal, qu'avaient séduite son élégance et son aplomb. La Cour fut révoltée, et Louis XIV dut reprendre l'autorisation qu'il avait imprudemment accordée. Lauzun alla ensuite offrir ses hommages à Mademoiselle de Lorges, qui les accepta. Le 20 juin 1695, il lui donnait « un collier de diamans de deux cent mille francs, » et le 27 février de l'année suivante il l'avait « plantée là, » dit Mme de Sévigné[3].

J'ai déjà parlé du marquis de Vardes qui, écrit Lafare, fut « jusqu'à la fin de sa vie plus aimable encore par son esprit, par ses façons insinuantes et même par sa figure, que tous les jeunes gens[4]. »

---

[1] Voy. *OEuvres*, édit. de 1753, t. II, p. 109, et t. III, p. 176.
[2] Marquis de Lafare, *Mémoires*, chap. vi, édit. Michaud, t. XXXII, p. 269.
[3] Voy. ses *Lettres* à ces deux dates, t. X, . 282 et 368.
[4] *Mémoires*, chap. vi, t. XXXII, p. 262.

Villeroi, élevé avec Louis XIV, resta pendant longtemps le modèle de la Cour. Sa grâce, l'élégance de ses manières, ses succès auprès des dames l'avaient fait surnommer *le charmant*. « C'étoit, dit Saint-Simon, un galant de profession, un homme fait exprès pour présider à un bal, fort propre encore à donner les modes et à rien au-delà [1]. » Louis XIV eut la faiblesse de créer ce favori maréchal de France. Placé à la tête d'une armée, il s'y fit surtout remarquer par son incapacité, sa vanité, sa présomption et ses défaites.

Henri de Daillon, duc du Lude, eut un moment la passion des femmes et de la toilette. Il se montra ensuite vaillant soldat, devint grand maître de l'artillerie, puis lieutenant général.

Mais Langlée ne suivit d'autre carrière que celle de la galanterie. Freluquet de petite naissance et enrichi par le jeu, il a été immortalisé par Mme de Sévigné, honneur qu'il ne méritait guère. Et qu'avait-il fait pour l'obtenir? il avait donné à Mme de Montespan « une robe d'or sur or, et pardessus en or frisé, rebroché d'un or mêlé avec un certain

---

[1] *Mémoires,* t. XI, p. 219.

or, qui fait la plus divine étoffe qui ait jamais
été imaginée[1]. » Saint-Simon lui rend meil-
leure justice : « C'étoit un homme de rien. Sa
mère avoit été femme de chambre de la reine
mère, fort bien avec elle, intrigante... Il gagna
au jeu un bien immense. Il s'étoit rendu maître
des modes, des fêtes, des goûts, à tel point que
personne n'en donnoit que sous sa direction,
à commencer par les princes et les princesses
du sang. Point de mariage dont les habits et
les présens n'eussent son choix ou du moins
son approbation[2]. »

On a supposé, il est vrai, que Langlée agis-
sait par ordre de Louis XIV. Le grand roi ne
voulant plus paraître préoccupé de pareilles
futilités et pourtant s'y intéressant encore, se
serait servi de Langlée pour imposer à la Cour
les modes qui lui plaisaient.

Et elles variaient sans cesse :

Quant aux habits, la grande reigle qu'il y a à
donner, c'est d'en changer souvent et de les avoir
tousjours le plus à la mode qu'il se pourra ; et nous
entendons par les habits tout ce qui sert de principal vestement, avec ses despendances qui servent
en quelque partie du corps que ce soit.

---

[1] *Lettre* du 5 novembre 1676, t. V, p. 134.
Mémoires, t. II, p. 304

Il faut prendre pour bons Gaulois et gents de la vieille Cour ceux qui se tiennent à une mode qui n'a plus de cours, à cause qu'elle leur semble commode. Il est ridicule de dire : « Je veux tousjours porter des fraises, pource qu'elle me tiennent chaudement; je veux avoir un chapeau à grand bord, d'autant qu'il me garde du soleil, du vent et de la pluye; il me faut des bottes à petites genoüillères, pource que les grandes m'embarrassent. » C'est n'entendre pas qu'il se faut captiver [1] un peu pour estre toujours bien mis. Ne dit-on pas qu'il ne faut pas penser avoir toutes ses aises en ce monde?...

L'on sera averty en général que dès aussitost qu'il y a quelque nouveauté introduite, il y a de l'honneur à l'observer, afin qu'il semble quasi que l'on en soit l'autheur, et craignant que l'on ne s'imagine que l'on ait seulement le reste des autres. Pour ce sujet, il faut avoir soin de faire dépescher les tailleurs, car il y en a de si longs, et au contraire il y a des modes qui durent si peu, qu'elles sont passées avant qu'un habit soit faict [2].

Ceci était écrit vers 1643, et Louis XIV ne songeait guère alors à devenir l'arbitre du costume. D'autres s'en chargeaient, comme on l'a vu ; et, à propos des modes et du respect qu'on leur doit, Molière pouvait écrire en 1661 cette charmante contre-partie du mor-

---

[1] Contraindre, gèner.
Les loix de la galanterie, p. 12 et 17.

ceau satirique que je citais tout à l'heure :

ARISTE.   [moder,

Toujours au plus grand nombre on doit s'accom-
Et jamais il ne faut se faire regarder.   [sage
L'un et l'autre excès choque ; et tout homme bien
Doit faire des habits ainsi que du langage,
N'y rien trop affecter, et, sans empressement,
Suivre ce que l'usage y fait de changement.
Mon sentiment n'est pas qu'on prenne la méthode
De ceux qu'on voit toujours enchérir sur la mode,
Et qui, dans ces excès dont ils sont amoureux,
Seroient fâchés qu'un autre eût été plus loin qu'eux :
Mais je tiens qu'il est mal, sur quoi que l'on se fonde,
De fuir obstinément ce que suit tout le monde,
Et qu'il vaut mieux souffrir d'être au nombre des fous
Que du sage parti se voir seul contre tous [1].

C'était là, en vérité, demander trop de sa-
gesse aux jouvençaux que Scarron nous montre

Tous argentez par leurs manteaux,
Tous enchérissant sur la mode,
Commode soit ou non commode.
Ayant tous canon trop plissé,
Rond de botte trop compassé,
Soulliers trop longs, grègue trop large,
Chapeaux à trop petite marge,
Trop de galons dessus les reins,
A la teste de trop longs crins [2].

---

[1] *L'École des maris*, acte I, scène I.
[2] *Epistre à Mad. de Hautefort* (écrite vers 1659), édit. de
1663, t. I, p. 231.

A un grand bal, donné en 1665,

> ..... les dames et demoizelles,
> Des plus nobles et des plus belles,
> Dansèrent chacune à son tour
> Avec les Messieurs de la Cour,
> Tous si couverts de broderies
> Et de superbes pierreries
> Qu'ils eussent pû faire un défy
> Au grand Mogor, au grand Sofy [1].

En 1669, lorsque Louis XIV reçut l'ambassadeur du Grand Turc, il portait un habit surchargé de diamants. Il y en avait pour quatorze millions [2]. Les grands seigneurs qui entouraient ce merveilleux vêtement étaient aussi tout reluisants de pierreries [3].

« Les tailleurs, disait Marana, ont plus de peine à inventer qu'à coudre, et quand un habit dure plus que la vie d'une fleur, il paroît décrépit [4]. » Écoutons maintenant Labruyère :
« Une mode a à peine détruit une autre mode, qu'elle est abolie par une plus nouvelle, qui cède elle-même à celle qui la suit, et qui ne

---

[1] Loret, *Muze historique*, Lettre du 21 février 1665.

[2] *Journal* d'Olivier Lefèvre d'Ormesson, édit. Chéruel, t. II, p. 577.

[3] *Gazette de France*, n° du 6 novembre 1669, p. 1165.

[4] *Lettres d'un Sicilien* (vers 1697), édit. Val. Dufour, p. 25.

13.

sera pas la dernière... » Il dit encore : « Le courtisan autrefois avoit ses cheveux, étoit en chausses et en pourpoint, portoit de larges canons, et il étoit libertin. Cela ne sied plus : il porte une perruque, l'habit serré, le bas uni, et il est dévot : tout se règle par la mode[1]. »

On a cent fois cité cette phrase pour montrer le changement qui s'opéra dans le costume des courtisans, alors que Louis XIV devenu vieux passa sous la domination de Mme de Maintenon. Il ne faut rien exagérer. D'abord, on portait perruque même au plus beau temps de la jeunesse du grand roi[2]; ensuite, on peut très bien être dévot et libertin tout à la fois[3]. Il est vrai que les ronds de bottes avaient disparu avec l'usage des bottes, remplacées par des souliers ou de légères bottines. Les canons et les galants avaient été abandonnés, mais le justaucorps d'un élégant comportait encore pas mal de rubans et son chapeau pas mal de plumes. Marana écrivait : « Tout le monde s'habille avec beaucoup de propreté : les

---

[1] *De la mode* (chap. écrit vers 1688), édit. Servois, t. II, p. 150.

[2] Voy. *Les soins de toilette*, p. 56, 60 et suiv.

[3] « Je le peins dévot et je crois l'avoir attrapé; mais il m'échappe et déjà il est libertin. » Labruyère, t. II, p. 151.

rubans, les miroirs et les dentelles sont trois
choses sans lesquelles les François ne peuvent
pas vivre. L'or et l'argent sont devenus si
communs qu'ils brillent sur les habits de
toutes sortes de personnes, et le luxe déme-
suré a confondu le maître avec le valet [1]. »
Ces lignes datent de 1697, année où eut lieu
le mariage du duc de Bourgogne. Le *Mercure
galant* va nous faire connaître jusqu'à quel
point on y exagéra la simplicité, l'austérité
même dans les vêtements :

On n'a jamais poussé si loin la magnificence des
habits.

Le Roy en avoit un de drap d'or, relevé sur les
tailles d'une épaisse et riche broderie d'or.

Monseigneur estoit vêtu d'un brocard d'or, avec
une broderie d'or sur les tailles.

Celuy de monseigneur le duc de Bourgogne étoit
de velours noir en manteau. Il étoit brodé d'or en
plein, et le manteau doublé d'une étoffe d'argent
pareillement brodée d'or, mais d'une broderie délicate. Il étoit en pourpoint, en chausses ouvertes,
en grosses jaretières et couvertes de dentelles telles
qu'on les portoit autres-fois.

L'habit de madame la princesse de Savoie étoit
d'un drap d'argent brodé d'argent avec une parure
de rubis et de perles.

---

[1] Page 42

Monseigneur le duc d'Anjou et monseigneur le
duc de Berry avoient des just'aucorps de velours,
couverts de broderies d'or, et des vestes très riches.

L'habit de Monsieur étoit superbe. Il étoit de
velours noir, avec d'épaisses boutonnières de broderie d'or sans intervalle, et de gros boutons de
diamans. Sa veste étoit d'or, et le reste de sa parure étoit de la même richesse.

Monsieur le duc de Chartres avoit un habit de
velours gris blanc, couvert d'une broderie d'or très-
agréable, enrichy de diamans, de rubis et d'émeraudes.

Monsieur le Prince et monsieur le Duc avoient
des habits d'une grande beauté, et singuliers. Celuy
de monsieur le Prince étoit de velours noir, brodé
d'or en plein d'une très fine broderie, et les tailles
marquées par une plus forte et plus riche.

Monsieur le duc du Maine et monsieur le comte
de Toulouse avoient aussi ;des habits fort magnifiques.

Madame, madame la duchesse de Chartres et
madame la Duchesse en avoient à peu près de
même goust, c'est à dire des plus belles étoffes d'or,
relevées d'agrémens d'or les plus forts et les plus
riches qui se puissent faire. Leurs coiffures et leurs
corps [1] estoient chargez de toutes sortes de pierreries.

L'habit de Mademoiselle fut généralement ad-
miré. Il estoit de velours vert, couvert d'une broderie d'or d'un goût exquis, avec une parure de
diamans et de rubis.

---

[1] Leurs corsages.

Madame la princesse de Conty, la douairière, avoit aussi un habit de velours vert en broderie d'or magnifique, avec beaucoup de pierreries.

L'habit de mademoiselle de Condé estoit de velours incarnat brodé d'or et d'argent, avec quantité de pierreries.

Grand nombre de seigneurs et de dames avoient des habits qui n'étoient guère inférieurs à ceux dont je viens de vous parler. Les dames qui n'estoient plus de la grande jeunesse estoient vêtues de velours noir, avec de très belles juppes, ou brodées ou chamarées d'or, et estoient parées de riches croix de diamans [1].

Presque à la même date, le poète Eustache Lenoble dépeignait ainsi le costume d'un galant vivant loin de la Cour. Il met en scène un singe, qui veut se déguiser en petit-maître pour plaire à Iris :

Rêvant donc aux moyens d'en prendre la parure,
Après avoir rôdé chez cent jeunes galans,
Enfin chez un d'entr'eux il vit par avanture
La garderobe ouverte, et se glissa dedans.
    Après qu'une fine chemise,
Riche d'une maline à patron tout nouveau,
    Eut couvert sa vilaine peau,
Bas rouges bien tirez, et la culote mise,
D'une veste à fonds d'or l'estomac fut paré,
C'est-à-dire qu'au dos ce n'étoit pas de même.

---

[1] N° de décembre 1697, p. 209 et suiv.

Dessus just'au-corps bleu très-bien fait et doré,
　　D'une magnificence extrême.
L'ondoyante steinkerke [1] enfin passa ses bouts
　　　　Par la sixième boutonnière,
　　　　Et la perruque de bon goût
　　　　Retroussée à la cavalière,
Fut, à nœuds allongez, se rejetter derrière [2].

Une autre fable du même auteur nous présente un épervier qui s'est « vêtu en bourgeois : »

Just'au-corps de drap noir, et la veste semblable,
Grand manteau qui passoit le genou de deux doits,
　　　　Rabat bien joint, perruque brune,
Castor fin, tresse d'or, gans blans, bas bien tiré,
Soulier proprement fait et d'un veau bien ciré,
Enfin tel qu'un marchand à qui rit la fortune [3].

Pour donner le dernier trait au tableau des austérités mises à la mode par Louis XIV vieilli, rappelons que, l'année même de sa mort, donnant audience à l'ambassadeur de Perse, il portait « un habit d'une étoffe or et noir brodé de diamans; il y en avoit pour douze millions cinq cent mille livres, et il étoit si pesant que le roi en changea aussitôt

---

[1] La steinkerque était une cravate. Voy. l'article consacré à la lingerie.

Le singe habillé. Dans les *OEuvres*, édit. de 1718, t. IV, p. 95.

[3] *L'épervier doreur de plumes*, t. III, p. 234.

DAME EN VERTUGADIN.

D'après une gravure du temps.

après son dîner[1]. » Il « ployoit sous le poids, »
dit Saint-Simon[2].

———

II

LES FEMMES

Le *vertugadin* et le *guard-infante*. — Ils sont remplacés
par trois jupes superposées. — Longueur attribuée aux
queues des manteaux, suivant la condition des personnes.
— Les *transparents*. — Fénelon et Boursault. — Voca-
bulaire galant de la toilette : l'*innocente*, la *culbute*, le
mousquetaire, le *boute-en-train*, le *tatez-y*, la *jardinière*,
les *engageantes*, les *guêpes*, les *papillons*, le *laisse-tout-
faire*, l'*effrontée*, la *gourgandine*, etc. — Les *robes battantes*. — Les *pretintailles*, les *falbalas*. — La *passecaille*
et la *chacone*, la *criarde*. — Corset, corsage et corps. —
L'institution des couturières. — Leur spécialité, leurs
statuts. — Les grandes couturières du dix-septième siècle.

Au début du règne de Louis XIII, les
femmes n'ont pas encore abandonné la vertugade, qui s'est bornée à changer de nom et
de forme. Elle s'appelle maintenant vertugadin ; c'est une armature plate qui fait le tour
des hanches, et dont la jupe retombe en plis
tout droits.

L'effet était fort laid. Mme de Motteville
s'en consola en voyant que les Espagnoles

[1] *Journal* de Dangeau, 19 février 1715, t. XV, p. 364.
[2] Tome XI, p. 90.

venues en France à la suite de Marie-Thérèse
portaient des vertugadins plus laids encore,
auxquels elles donnaient le nom de guard-
infante [1]. Et puis, Louis XIV régnait alors, et
le vertugadin commençait à disparaître; on
l'avait remplacé par trois jupes superposées, et
qui avaient reçu de galantes dénominations.
La première, celle de la robe, était *la modeste*,
elle recouvrait *la friponne*, qui elle-même dis-
simulait *la secrète*. La friponne surtout était
destinée à être vue, soit que la modeste fût
ouverte en pointe du haut jusqu'en bas, soit
qu'on la relevât dans la ceinture, autour de
laquelle elle se drapait en pans écartés.
Retroussée ainsi, elle devenait *manteau*, et le
manteau de Cour se terminait par une queue
dont la longueur était déterminée par la condition des personnes. On l'augmenta même
vers la fin du règne. En 1710, on accorda :

A la reine	une queue de 11 aunes [2].	
Aux filles de France	—	9 —
Aux petites-filles de France	—	7 —
Aux princesses du sang	—	5 —
Aux duchesses	—	3 — [3].

---

[1] *Mémoires*, édit. Petitot, 2e série, t. XL, p. 54.
[2] L'aune de Paris représentait environ 1m19c.
[3] Saint-Simon, *Mémoires*, t. VII, p. 307.

UNE ÉLÉGANTE A LA FIN DU RÈGNE DE LOUIS XIII.

D'après le recueil de Gaignières.

Le corsage fut tantôt fermé et terminé en
pointe, tantôt ouvert, et alors il devenait une
gourgandine.

Les garnitures, les ornements accessoires
variaient sans cesse au gré de la mode. En
1676, on en était aux *transparents*, que
Mme de Sévigné décrit ainsi : « Avez-vous
ouï parler des transparens ? Ce sont des habits
entiers des plus beaux brocards d'or et d'azur
qu'on puisse voir, et par dessus, des robes
noires transparentes ou de belles dentelles
d'Angleterre ou de chenilles veloutées sur
un tissu, comme ces dentelles d'hiver que
vous avez vues. Cela compose un transparent,
qui est un habit noir tout d'or, ou d'argent,
ou de couleur, comme on veut. Et voilà la
mode [1]. »

N'en déplaise à Mme de Sévigné, la mode
était beaucoup moins simple que cela, et comportait beaucoup d'autres détails charmants,
charmants pour les femmes, bien entendu :
« Une coiffe, un bout de ruban, disait Fénelon, une boucle de cheveux plus haut ou plus
bas, le choix d'une couleur, ce sont pour elles
autant d'affaires importantes... L'humeur

---

[1] *Lettre* du 5 novembre 1676, t. V, p. 133.

changeante qui règne parmi nous cause une variété continuelle de modes [1]. »

Fénelon parle ici en moraliste qui n'a pas creusé son sujet, et la moindre soubrette lui en eût remontré. Le poète Boursault, au contraire, dont une ou deux pièces sont restées au répertoire, avait approfondi la matière, et il va nous initier aux secrets d'une science qui ne manquait pas d'adeptes.

C'est en 1694 que fut jouée la comédie des *Mots à la mode*. Madame Josse tient à être proprement mise, et elle vient de recevoir un mémoire qu'il lui faut bien montrer à son mari. Celui-ci entre dans une violente colère. Ce n'est pas qu'il soit avare, mais la lecture de ce factum a excité sa jalousie, et il prétend chasser sa femme, dont l'inconduite lui semble évidente. Ses deux filles, Nannette et Babet, s'interposent :

Ce qui dans cet écrit vous paroît des injures
Sont des noms que l'on donne aux nouvelles parures.
Une robbe de chambre étalée amplement,
Qui n'a point de ceinture et va nonchalamment,
Par certain air d'enfant qu'elle donne au visage
Est nommée *innocente*, et c'est du bel usage.

---

[1] *Education des filles,* chap. X : *La vanité de la beauté et des ajustemens.*

Il ne s'agit point de cela, dit M. Josse, pas
sons aux articles suivants :

NANNETTE.

Voilà la *culebute,* et là le *mousquetaire.*

BABET.

Un beau nœud de brillans dont le sein est saisi
S'appelle un *boute-en-train* ou bien un *tâtez-y :*
Et les habiles gens en étimologie
Trouvent que ces deux mots ont beaucoup d'énergie.

NANNETTE.

Une longue cornette, ainsi qu'on nous en void,
D'une dentelle fine et d'environ un doigt,
Est une *jardinière,* et ces manches galantes
Laissant voir de beaux bras ont le nom d'*enga-*
[*geantes*

BABET.

Ce qu'on nomme aujourd'hui *guespes* et *papillons,*
Ce sont les diamans du bout de nos poinçons,
Qui, remuant toujours et jettant mille flammes,
Paroissent voltiger dans les cheveux des dames.

NANNETTE.

L'homme le plus grossier et l'esprit le plus lourd
Sçait qu'un *laisse-tout-faire* est un tablier court.
J'en porte un par hazard qui, sans aucune glose,
Exprime de soi-même ingénûment la chose.

BABET.

La coiffure en arrière, et que l'on fait exprès
Pour laisser de l'oreille entrevoir les attraits,
Sentant la jeune folle et la tête éventée,
Est ce que par le monde on appelle *effrontée.*

NANNETTE.

Enfin la *gourgandine* est un riche corset,
Entr'ouvert par devant à l'aide d'un lacet.   [fine,
Et comme il rend la taille et moins belle et moins
On a crû lui devoir le nom de gourgandine [1].

Je me permettrai d'ajouter quelques mots aux explications de Nannette et de Babet.

Les *innocentes*, dites aussi *robes battantes*, avaient été inventées par Mme de Montespan « pour cacher ses grossesses, parce que ces robes-là ne laissent pas voir la taille. Mais lorsqu'elle les prenait, c'était comme si elle eût écrit sur son front ce qu'elle voulait cacher. Tout le monde disait à la Cour : « Mme de Montespan a pris sa robe battante, donc elle est grosse. » Je crois qu'elle le faisait à dessein et dans l'idée que cela lui donnerait plus de considération à la Cour ; c'était ce qui arrivait en effet [2]. »

De ce que l'*innocente* n'avait pas de ceinture, il ne faudrait pas conclure trop vite à la simplicité de ce vêtement. Dans une comédie qui date de 1695, Arlequin, déguisé « en dame du bel air » et recevant de Léandre

---

[1] Scène XV. Dans le *Théâtre*, 1725, in-8°, t. IX, p. 131.
[2] *Correspondance de la princesse Palatine*, lettre du août 1718.

une belle pièce d'étoffe, dit à son valet :
« Cascaret, portez cela à mon tailleur, et
dites-lui qu'il m'en fasse une *innocente*, et
qu'il la garnisse jusqu'aux pieds de rubans
couleur de feu rouge[1]. »

La *culebute, culbute* ou *renverse* était « un
nœud de rubans de couleur que les jeunes
demoiselles portoient presque sur le derrière
de la coëffe[2]. »

Le *mousquetaire,* appelé aussi *fripon,* se
composait de « deux feuilles de rubans[3] ».
Mais le mot avait encore une autre significa-
tion ; il semble avoir désigné la petite frisure
que nous nommons aujourd'hui un *accroche-
cœur.* Voici, en effet, la définition que me
fournit le *Dictionnaire de Trévoux :* « Deux
petites trousses de cheveux en anneaux, que
les femmes faisoient autrefois descendre sur
leur front au-dessus des yeux[4]. »

Une pièce jouée en 1695 nous apprend que
l'on donnait alors le nom de *boute-en-train* à
la grande allée des Tuileries, celle où se mon-

[1] *La foire Saint-Germain,* acte II, scène II. Dans Gherardi, *Théâtre italien,* t. VI, p. 241.
[2] *Dictionnaire de Trévoux,* t. III, p. 58.
[3] Furetière, *Dictionnaire universel,* édit. de 1701, sans
pagination.
[4] *Dictionnaire de Trévoux,* t. VI, p. 84.

traient les galants et les femmes à la mode.
« C'est là, dit Arlequin à Colombine, qu'on
commence à mettre en batterie les pièces de
campagne dont l'amour se sert pour assaillir
un cœur, comme, par exemple, les mines, les
œillades, les signes de tête, et enfin tout ce
qui éguise l'imagination[1]. »

Les *engageantes* étaient des manches très
courtes, ne dépassant guère les coudes et terminées par un fouillis de dentelles.

Quand le vêtement était noir, le *laisse-tout-
faire* devait être blanc.

Babet décrit l'*effrontée* avec assez de soin
pour qu'il soit inutile d'y revenir. Mais je
trouve dans une très spirituelle comédie,
jouée la même année que *Les mots à la mode*,
une allusion à cette coiffure et à la *jardinière*
dont il est question plus haut :

COLOMBINE.

Ah, monsieur! vous êtes méchant. Vous voudriez
me faire dire que je vous aime.

LE COMTE.

Hé bien, quel mal y auroit-il quand tu le dirois?

COLOMBINE.

Ah, monsieur! vous n'êtes pas pour penser à
moi. A quoi est-ce que cela me serviroit?

[1] Brugière de Barante, *La thèse des dames*, acte I,
sc. x.

LE COMTE.

Écoute, Colombine. *Bas à l'oreille :* Je t'aime, mon enfant.

COLOMBINE.

Ah, monsieur! vous me parlez à l'oreille! je suis perdue si l'on vous voit. Un mot à l'oreille ressemble à un baiser comme deux gouttes d'eau.

LE COMTE.

Hé, point, point; la cornette est entre deux.

COLOMBINE.

Oh, monsieur! les mots à l'oreille ont fait nos cornettes bien claires et bien reculées.

LE COMTE.

Ah, ah! Et c'est donc les mots à l'oreille qui font coiffer les jolies femmes si fort en arrière?

COLOMBINE.

Hé, quoi donc, monsieur! Nous sommes plus raisonnables qu'on ne pense; les femmes veulent toujours quelque raison dans les modes qu'elles suivent. Mais je me fie à vous; je mettrai mon éventail devant, de peur qu'on ne nous voye[1].

Le mot *gourgandine* désignait depuis longtemps une femme de mauvaises mœurs quand on eut l'idée de l'appliquer à un vêtement. J'ai dit que, dans cette acception, il représentait un corsage ajusté et ouvert sur le devant de manière à laisser voir la chemise. Dans une pièce contemporaine des *Mots à la mode,*

---

[1] Brugière de Barante, *Arlequin défenseur du beau sexe,* acte III, sc. II.

Regnard attribue à Pasquin et à Agathe le dialogue suivant :

PASQUIN.

A propos, mon maître vouloit vous voir aujourd'hui parée.

AGATHE.

Je voudrois bien l'être aussi, mais je sçai pas lequel je dois mettre de deux habits. Dis-moi, Pasquin, lequel aimera-t-il mieux de l'*innocente* ou de la *gourgandine ?*

PASQUIN.

La gourgandine a toujours été du goût de mon maître.

AGATHE.

Il faut que les femmes de Paris ayent bien de l'esprit pour inventer de si jolis noms [1] !

Elles en avaient inventé bien d'autres encore, et que je renonce à énumérer. Je donnerai pourtant un souvenir aux *pretintailles,* lourdes découpures en couleur qui s'appliquaient sur les jupes, et aux *falbalas,* que nous nommons aujourd'hui des *volants.* Un falbala, écrivait l'académicien F. de Callières en 1690,

---

[1] *Attendez-moi sous l'orme,* scène VI. — Dans *Arlequin défenseur du beau sexe,* le comte dit de sa fille : « Je consens qu'elle ait des corps de bon goût, mais je ne veux pas qu'elle aille par la ville, aux Thuilleries et ailleurs, en gourgandine et en petites mules, comme les marquises de contrebande qui répandent sur toute leur personne une idée d'occasion prochaine. » Acte III, sc. IV.

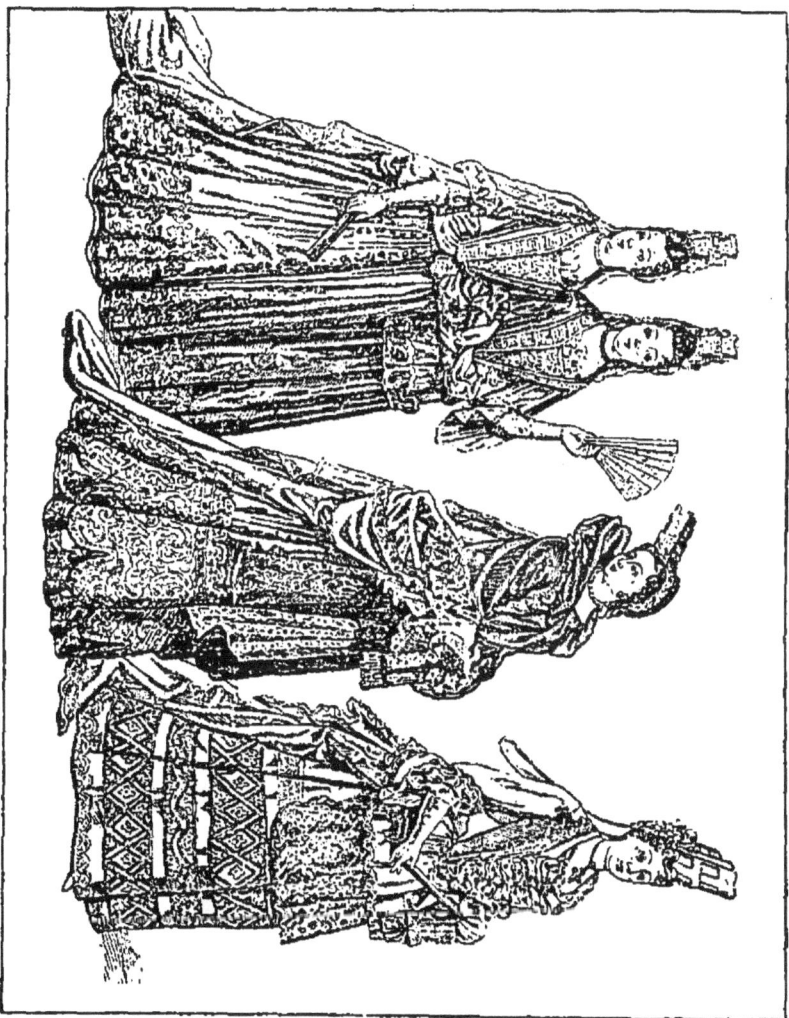

14

D'après Bonnard.

« est cette large bande d'étoffe plissée que les femmes mettent au bas et autour de leurs juppes [1]. »

De Callières nous fournit aussi la définition de la *passecaille* et de la *chaconne :* « Une passecaille veut dire présentement un porte-manchon; et une chaconne, qui est aussi le nom d'une autre espèce d'air de l'opéra, signifie encore depuis peu un ruban pendant du col de la chemise sur la poitrine de certains jeunes gens qui vont à demi déboutonnez [2]. » La chaconne faisait partie de costume masculin, et je rappelle à cette occasion que le manchon, inauguré sous Henri III, n'avait jamais cessé tout à fait de figurer, durant l'hiver, dans la toilette des hommes. Je m'occuperai ailleurs de ce qui concerne les fourrures.

La *criarde* date de la fin du règne. Ce fut d'abord le nom d'une toile très gommée, que le moindre frôlement faisait *crier;* ce fut ensuite une espèce de tournure, confectionnée avec cette toile, et qui servait à maintenir bouffants les retroussis de la jupe.

Comme on l'a vu plus haut, le mot *corset*

[1] *Des mots à la mode,* édit. de 1693, p. 200.
[2] *Ibid.,* p. 203.

avait conservé son double sens. Dans les deux
citations qui suivent, il est évidemment question d'un vêtement de dessus :

Elle [1] avoit un corset ou brassière de veloux
cramoisy, figuré à petites bestes, tant oisillons
qu'autres espèces, avec fleurs et fueilles eslevées en
broderie proprement ageancée de perles, et par
dessus un crespe tirant un peu sur la couleur
céleste [2].

Les femmes qui croyent avoir les épaules plus
belles que la gorge, et qui veulent montrer leur
dos à la manière des Espagnolles, ont des corps
plus bas par derrière que par devant; et pour cacher leurs os qui font des salières, elles tirent adroi-
tement leur mouchoir sur le devant, et par ce
moyen elles découvrent ce qu'elles croyent avoir
de beau et cachent ce qu'elles croyent avoir de
laid [3].

L'expression *corps*, que nous rencontrons
ici pour la seconde fois, va désormais désigner toujours ce que nous appelons aujourd'hui
un corsage. L'austère Fitelieu ne l'employait
pas encore dans ce sens en 1642, mais ses
imprécations contre ce qu'il appelle l'impu-
deur des femmes condamnent également le

[1] Mme Icéosine.
[2] Guillaume de Rebreviettes, *Les erres de Philaret*, 1611,
in-8°, 1ʳᵉ partie, p. 53.
[3] *Mercure galant*, année 1673, t. III, p. 292.

corset soutien de la poitrine et le corset vêtement de dessus :

Elles se contraignent les espaules pour faire une
belle taille, et se garnissent le plus souvent de mille
linges pour suppléer au défaut du pauvre corps
que l'on veut faire parètre. Les unes sont nues
jusques au milieu des espaules, et pour faire montre
de leur sein, qui publie que la bête est à louer, il
faut que la moitié de l'estomach soit ainsi ; les
autres se serrent étroitement les mammelles afin de
les relever, et y passent une certaine sangle qui
leur donne bien mal. Voyez-les, en après, dans
leurs logis, les marques y paroissent quatre jours,
et pour se faire une taille et un sein à la mode,
elles souffrent des peines qui ne se peuvent exprimer...

Pour faire que ce corps soit beau, il faut que l'on
porte un busq qui soit en dos de coq d'inde et qui
face relever le corps de jupe, et une panse du capitaine Fracasse. Il en est trois ou quatre sous celui-
là, et le dernier sert pour partager leur sein, et
faire bondir de temps en temps leurs mammelles
qui s'arrêtent sur le rempli d'une pièce garnie d'une
douzaine de boutons à fanfreluche [1].

Dans *Arlequin défenseur du beau sexe,* Isabelle s'ennuie, et pour se distraire, veut
« changer de corps : »

---

[1] Fitelieu, *La contre-mode,* 1642, in-12, p. 362.

L'ÉVEILLÉ.

Quel corps vous plait-il, madame? Est-celui où
vous êtes le plus à votre aise?

ISABELLE.

Hé non, cela ne me divertiroit pas.

COLOMBINE.

Hé, le benêt, qui n'a pas l'esprit de voir que
pour vous divertir, il vous faut celui que vous ne
sauriez porter une heure sans étouffer, et que nous
ne saurions lasser sans serrer de toutes nos forces [1].

Abandonnons ces inutiles jérémiades, et
revenons à l'année 1675, où se produisit un
des plus grands événements qu'ait enregistrés
l'histoire de la toilette féminine : je veux parler
de l'institution des couturières.

Jusque-là, les tailleurs possédèrent seuls le
privilège d'habiller les hommes et les femmes.
L'article 4 de leurs statuts de 1660 confirme
encore ce monopole; il est ainsi conçu : « Il
n'appartiendra qu'auxdits maîtres marchands
tailleurs d'habits de faire et vendre toutes
sortes d'habits et accoutremens généralement
quelconques à l'usage d'hommes, de femmes
et d'enfans. » Par exception, les filles des
maîtres tailleurs pouvaient, avant d'être ma-
riées, « habiller les petits enfans jusqu'à l'âge

---

[1] Acte II, sc 1.

de huit ans seulement[1]. » Le tailleur d'autrefois ne saurait donc être comparé à notre
couturier actuel, dont la spécialité est d'habiller les femmes ; il avait le privilège *exclusif* de
confectionner indistinctement tous les vêtements des deux sexes, même ceux de l'emploi
le plus intime.

Durant plusieurs siècles, le mot couturière
n'eut d'autre sens que celui de couseuse ou de
lingère[2]. Puis, quelques femmes entreprirent
de faire des vêtements pour les dames ; elles
réussirent peu à peu à se créer une petite
clientèle, et vers le milieu du siècle nous les
trouvons officiellement qualifiées de couturières. Les tailleurs, exaspérés par cette concurrence, leur faisaient une guerre acharnée,
les écrasant d'amendes, saisissant chez elles
étoffes et costumes, portant plaintes sur plaintes
au lieutenant général de police.

Malgré tout, l'industrie des couturières

---

[1] *Statuts et ordonnances des maîtres marchands tailleurs
d'habits, pourpointiers de la ville de Paris,* p. 53.

[2] On lit dans un compte dressé en 1389 pour Isabeau de
Bavière : « A Robinette Brisemiche, couturière de la Reine,
pour la façon de deux chemises longues et larges, etc. » Et
dans le compte d'Étienne de la Fontaine pour 1352 « Asse-
line Dugal, couturière du Roi, pour sa peine de tailler,
coudre et façonner les ouvrages de linge dessus diz, etc. »
(Dans Douët-d'Arcq, *Comptes de l'argenterie,* p. 360 et 95.)

prospérait, et il ne manquait pas à la Cour de
grandes dames pour plaider leur cause auprès
du roi. Elles se décidèrent donc à lui adresser
une requéte, par laquelle elles le suppliaient
de prendre ce nouveau métier sous sa protection, de lui accorder des statuts et de l'ériger
en communauté régulière. « Plusieurs femmes
et filles, dit Louis XIV, nous ayant remontré
que de tout temps elles se sont appliquées à la
coûture, pour habiller les jeunes enfans et les
personnes de leur sexe, et que ce travail étoit
le seul moyen qu'elles eussent pour gagner
honnétement leur vie : elles nous auroient
supplié de les ériger en communauté et de
leur accorder les statuts qu'elles nous auroient
présenté pour exercer leur profession. »

Le roi les renvoya au lieutenant général de
police et aux procureurs du Châtelet, qui donnèrent le 7 janvier 1675 un avis favorable.

« Ayant été informé, dit encore le roi, que
l'usage s'étoit tellement introduit parmi les
femmes et filles de toutes sortes de condition,
de se servir des couturières pour faire leurs
juppes, robbes de chambre, corps de juppes et
autres habits de commodité, que, nonobstant
les saisies qui étoient faites par les jurez tailleurs, et les condamnations qui étoient pro-

noncées contre les couturières, elles ne laissoient pas de continuer de travailler comme
auparavant; que cette sévérité les exposoit
bien à souffrir de grandes vexations, mais ne
faisoit pas cesser leur commerce : et qu'ainsi
leur établissement en communauté ne feroit
pas un grand préjudice à celle des maistres
tailleurs, puisque jusques icy elles ne travailloient pas moins, bien qu'elles n'eussent point
de qualité [1]. Ayant d'ailleurs considéré qu'il
étoit assez dans la bienséance, et convenable
à la pudeur et à la modestie des femmes et
filles, de leur permettre de se faire habiller par
des personnes de leur sexe lorsqu'elles le jugeroient à propos... »

Le roi, mû encore par d' « autres bonnes considérations, » érigea donc « la profession de
couturières en titre de maîtrise jurée, pour
faire à l'avenir un corps de métier; » respec-
tant toutefois le droit des tailleurs, qui purent,

---

[1] On appelait maitres sans qualité ceux qui n'avaient fait
ni apprentissage, ni compagnonnage, ni chef-d'œuvre. En
général, ils devaient leur maîtrise à un édit. Les rois, en
montant sur le trône, en se mariant, en faisant leur entrée
solennelle dans leurs bonnes villes, etc., créaient, pour se
procurer de l'argent, des maitres qui payaient parfois fort
cher ce privilège, et que les corporations étaient forcées
d'admettre dans leur sein. Voy. *Comment on devenait patron*, p. 209 et suiv.

comme par le passé, continuer, mais sans
privilège exclusif, à confectionner tous les
vêtements de femmes[1].

A cet édit, étaient joints les statuts accordés
à la nouvelle corporation[2].

Le premier article reconnaît aux couturières
la faculté de faire et vendre des robes de
chambre, jupes, corps de jupes, manteaux,
hongrelines, justaucorps[3], camisoles, « et tous
autres ouvrages de toutes sortes d'étoffes pour
habiller les femmes et les filles ; » à la réserve
cependant de la robe ou vêtement de dessus,
qui restait le monopole des tailleurs. Elles
pouvaient « employer de la ballaine[4] et autres
choses qu'il conviendra pour la façon et perfection des ouvrages. » Il leur était interdit
de confectionner aucun vêtement d'homme,
mais elles avaient le droit d'habiller les garçons qui n'avaient pas dépassé huit ans[5].

---

[1] *Edit de création de maistrise pour les couturières de la
ville de Paris* (30 mars 1675), à la suite des *Statuts*.

[2] *Statuts, ordonnances et déclaration du Roy, confirma-
tive d'iceux, pour la communauté des couturières de la ville,
fauxbourgs et banlieue de Paris*. Paris, 1707, in-4°.

[3] On nommait hongreline une veste étoffée qui était portée
surtout par les servantes et les femmes du peuple. Le justaucorps était une hongreline plus ajustée et plus élégante, dont
la forme rappelait celle du pourpoint masculin.

[4] Baleine.

[5] Article 2.

Tous leurs ouvrages devaient être bien coupés, bien cousus, de bonne étoffe, et on leur recommandait « de bien mettre, appliquer et enjoliver ce qu'il conviendra pour leur perfection[1]. »

L'apprentissage durait trois années, qui étaient suivies de deux années de service[2]. Chaque maîtresse ne pouvait avoir en même temps plus d'une apprentie ; elle était cependant autorisée à en prendre une nouvelle au cours de la troisième année[3].

Après les cinq années de stage, l'ouvrière pouvait aspirer à la maîtrise. Elle devait d'abord présenter un certificat de bonne vie et mœurs, puis se soumettre à l'épreuve du Chef-d'œuvre. Celui-ci était exécuté en présence des jurées et de huit maîtresses. Si elles le trouvaient suffisant, l'aspirante était conduite chez un des procureurs du Châtelet, qui lui faisait prêter le serment accoutumé et la recevait maîtresse[4].

Les filles de maîtresse étaient dispensées de l'apprentissage et du Chef-d'œuvre[5].

[1] Article 11.
[2] Article 4.
[3] Article 7.
[4] Article 5.
[5] Article 6.

- Les maitresses se divisaient, suivant l'é-
poque de leur réception, en Anciennes, Modernes et Jeunes [1].

· La communauté était administrée par six
jurées, élues pour deux ans ; trois d'entre elles
sortaient de charge chaque année. Les élections étaient faites par les jurées en charge,
les anciennes jurées et quatre-vingts maîtresses
désignées à tour de rôle [2].

Les jurées devaient faire, tous les ans, au
moins deux visites générales, pour lesquelles
elles recevaient dix sols de chaque maîtresse [3].

· · Les tailleurs n'avaient pas droit de visite
chez les couturières, et réciproquement [4].

Les tailleurs conservaient le droit d'habiller les fillettes, et eux seuls pouvaient
confectionner les vêtements *ajustés* destinés
aux femmes, les corsets par exemple. « Ce sont
eux, dit l'*Encyclopédie méthodique*, qui font
ces corsets délicats et élégans qui, sans gêner
le corps, soutiennent la taille, donnent de l'élé-

---

[1] Articles 5 et 9. — En général, dans les corporations où
cette distinction était établie, on nommait *Jeunes* les maîtres
qui comptaient moins de dix ans de maîtrise, *Modernes* ceux
qui étaient reçus depuis plus de dix ans, et *Anciens* ceux qui
exerçaient depuis vingt ans au moins.

[2] Article 9.

[3] Article 11.

[4] Article 3.

vation et de la fermeté à la gorge, et rendent le maintien des femmes plus noble et plus agréable [1]. » Les industriels qui avaient adopté cette spécialité s'intitulaient *tailleurs pour femmes*, ou *tailleurs de corps de femmes et d'enfans* [2].

Marie-Thérèse, femme de Louis XIV, avait pour tailleur Bandelet, propriétaire de la maison où mourut Molière en 1673. En 1672, les plus fameuses couturières de Paris étaient :

Mme Charpentier, rue Montorgueil.

Mme Villeneuve, près de la place des Victoires.

Mmes Remond et Prevot, rue des Petits-Champs.

Mme Billard, rue Sainte-Avoie.

Mme Bonnemain, rue des Fossés Saint-Germain l'Auxerrois.

Mme Fauvé, au port Saint-Landry [3].

[1] *Encyclopédie méthodique* (1789), *Jurisprudence*, t. IX, p. 613.

[2] Abbé Jaubert, *Dictionnaire des arts et métiers*, t. IV, p. 181.

[3] *Le livre commode des adresses de Paris*, t. II, p. 62.

CHAPITRE VII

LES RÈGNES DE LOUIS XV ET DE LOUIS XVI

I

LES HOMMES

Le justaucorps et l'habit. — La redingote. — La veste et le gilet. — Les gilets historiés. — La culotte. — Les breloques. — L'épée. — Le pantalon. — La *chenille*. — Le tailleur Scheling. — Les maîtres d'agréments. — Le tailleur Dartigalongue inventeur de la *confection*. — La corporation des tailleurs: — Nombre des maîtres et des ouvriers. Son bureau. Sa confrérie. Ses armoiries.

Le dix-huitième siècle inaugure le costume le plus élégant qu'ait jamais porté un gentilhomme. Un peu trop de fanfreluches peutêtre, mais des pièces qui s'harmonisent bien, et qui satisfont le goût sans cesser de remplir les conditions imposées à tout habillement. Trois pièces principales le composent, le justaucorps, la veste ou gilet et la culotte.

Vers la fin du siècle, le justaucorps s'étrique et devient le frac, ancêtre direct de notre

habit de cérémonie ; toutefois « les hommes
n'avoient pas encore introduit l'usage de
porter un habit noir sans être en deuil[1]. »
Comme pardessus pour l'hiver, il faut men-
tionner l'avènement d'une affreuse importation anglaise, la redingote. Ce ne fut guère,
au début, qu'un vêtement de cheval ou de
voyage[2]. M. de Gesvres, recevant une lettre
de cachet qui l'exilait, endossa une redingote
et alla prendre congé du roi[3]. Somme toute,
cette disgracieuse tenue n'était pas encore
acceptée comme vêtement de ville en 1726.
Au mois de février de cette année, on lisait
dans le *Mercure de France* :

Depuis l'année passée, les hommes portent beaucoup de redingotes. C'est une espèce de grand surtout boutonné par devant, avec un colet et des
ouvertures derrière et aux côtez, dont l'origine
vient d'Angleterre. La redingote est faite à peu près
comme une casaque, mais moins ample ; et toutefois plus longue et plus large qu'un just'au-corps.
Dans les temps de gelée ou de pluye, on voit presque tout le monde en redingote. C'est un habit très
peu parant, et qui selon les apparences fera plus
de fortune à la campagne qu'à la ville, où on com-

---

[1] Mme Campan, *Mémoires*, chap. ix, t. I, p. 224.
[2] Barbier, *Journal*, 4 mars 1707.
[3] Barbier, *Journal*, septembre 1725.

mence à le trouver désagréable. A la chasse du Roi, quand il fait mauvais temps, tous les seigneurs sont en redingotes. C'est, à la vérité, un habit très-propre pour monter à cheval et pour résister aux injures de l'air [1].

La veste, longue, large et à vastes poches, subit le même sort que le justaucorps, devint un gilet court et étroit. Peu d'années avant la Révolution, il fut « du bel air d'en avoir à la douzaine, à la centaine même, si l'on tenoit à donner le ton. On les brodoit magnifiquement avec des sujets de chasse et des combats de cavalerie, même des combats sur mer. C'étoit extraordinaire de cherté [2]. »

Ces dessins, dit un contemporain, varient à l'infini. On y voit de haut en bas de petits personnages fort jolis, des scènes galantes ou comiques. Des vendangeurs, des chasses, etc., ornent le ventre de nos élégans. On assure qu'un homme passionné pour les belles choses a fait commander une douzaine de gilets qui doivent offrir les scènes de *Richard Cœur-de-Lion*, de *La folle par amour*, de *La folle journée*, etc., afin que sa garde-robe devienne un répertoire savant de pièces de théâtre et puisse un jour lui servir de tapisserie [3].

---

[1] Page 403.

[2] B⁰ᵉ d'Oberkirch, *Mémoires*, t. II, p. 373.

[3] *Mémoires secrets* dits de Bachaumont, 1ᵉʳ décembre 1786, t. XXXIII, p. 229.

15.

Ceci était écrit en 1786. Le même chroniqueur disait l'année suivante :

Les gilets continuent d'être des monumens historiques de notre âge : ceux à la mode aujourd'hui
sont des gilets aux Notables. On y a brodé l'assem-
blée des Notables, d'après l'estampe. Le roi est au
milieu d'eux, sur son trône ; de la main gauche, il
tient une légende où l'on lit ces mots : *l'âge d'or.*
Mais, par une gaucherie fort indécente, il est placé
de façon, sur la poche, que de sa main droite il
semble fouiller dedans [1].

Sous la Régence et sous Louis XV, l'épée
était le complément indispensable de la toilette. Sauf chez soi et dans l'intimité, il fallait
toujours avoir l'épée au côté. C'était une gêne
à laquelle on renonça sous Louis XVI ; même
pour paraître à la Cour, on n'y portait plus
guère l'épée et l'uniforme que dans une seule
circonstance, quand, se rendant à l'armée,
on allait prendre congé du roi [2].

La culotte, bien proportionnée, se resserra
peu à peu, finit par devenir collante. Vers
1788, Sébastien Mercier tournait en dérision
les « culottes impudiques, sans poches, qui

---

[1] *Mémoires secrets,* **26** mars 1787, t. XXXIV, p. 327.
[2] Duchesse d'Abrantès, *Histoire des salons de Paris,*
t. II, p. 252

ne peuvent recéler ni un écu ni une montre [1].»
Ceci n'est pas tout à fait exact. A la culotte
fendue par devant dans toute sa longueur
avaient succédé les culottes *à la bavaroise* ou *à
pont;* deux goussets pratiqués à la ceinture
recevaient, entre autres objets, deux montres
accompagnées de breloques qui pendaient à
droite et à gauche, cachant les fentes du *pont.*

Le pantalon ne tarde pas à apparaître, mais
il est admis seulement dans le déshabillé ;
encore ceux qui l'ont adopté se voient-ils qua-
lifiés de *sans-culottes,* mot qui fit fortune. Le
pantalon accompagne aussi la *chenille.* On
nommait ainsi une tenue négligée, adoptée
pour l'intérieur, et qui datait du règne de
Louis XV. Le nom et la chose paraissent avoir
été inventés par un tailleur célèbre, nommé
Christophe Scheling, qui mourut en 1761 [2].
Ils eurent d'abord peu de succès, et ne devinrent réellement à la mode que sous Louis XVI.
Les grands seigneurs s'amusèrent alors à cou-
rir la ville *en chenille,* costume qui constituait
pour eux une sorte d'incognito.

[1] *Tableau de Paris,* t. X, p. 264.
[2] Voy. *Oraison funèbre de très habile, très élégant, très
merveilleux Christophe Scheling, maître tailleur de Paris,
prononcée le 18 février 1761, dans la salle du célèbre
Alexandre, limonadier au boulevart.* Paris, 1761, in-12.

Leurs manières les trahissaient bien un peu ;
mais déjà, tous les élégants cherchaient à imiter celles du beau monde. Il y avait des *maîtres
d'agrémens* « qui formaient les jeunes gens à
l'art de plaire, » qui leur apprenaient à annon-
cer leur arrivée dans un salon « par un joli
frémissement des breloques[1], » qui les in-
struisaient « à sourire devant un miroir avec
finesse, à prendre du tabac avec grâce, à
donner un coup d'œil avec subtilité, à faire
une révérence avec une subtilité particulière,
à parler gras comme les acteurs, à les imiter
sans les copier, à montrer les dents sans gri-
mace, etc. »

Comme on le voit, c'était là toute une
science, et l'on ne pouvait se flatter de l'acquérir qu'à la condition de posséder quelques
dispositions naturelles, beaucoup d'argent, un
habile maître d'agréments et un bon tailleur.
La corporation en comptait beaucoup de
tels, et certains d'entre eux ont même laissé
un nom dans l'histoire. J'ai déjà mentionné
le fameux Scheling ; un autre de ses con-

---

[1] S. Mercier, *Tableau de Paris*, t. II, p. 216. — Le
comte de Vaublanc constate que les élégants portaient
parmi leurs breloques « une petite clochette qui annonçoit
leur arrivée. » *Mémoires*, p. 138.

frères, le sieur Dartigalongue, mérite ici une place à part. Je crois être le premier qui lui consacre un souvenir, et, pour dire toute la vérité, je suis assez fier d'avoir découvert, dans les annonces d'un journal publié en 1770, que cet habile homme fut le créateur de ce que nous appelons aujourd'hui la confection. Lisez :

Le sieur Dartigalongue, maître et marchand tailleur à Paris, a établi depuis quelque tems un magasin d'habits neufs tout faits, de toutes espèces, de toutes tailles, et des plus à la mode. Si ceux du magasin ne sont pas au goût des personnes qui veulent être promptement habillées, il est en état de les satisfaire presqu'à l'instant, par la quantité d'ouvriers qu'il employe. Il entreprend toutes les livrées avec le plus d'économie possible. Il fait des envois en province et jusque dans les pays étrangers ; mais les personnes qui voudront lui écrire, sont priées d'affranchir leurs lettres. Son adresse est *A la Renommée*, rue de Savoye, fauxb. S. Germain, près la rue des Grands-Augustins [1].

Les maîtres tailleurs étaient, en 1725, au nombre de 1,882 [2], chiffre qui paraît avoir peu varié jusqu'à la Révolution [3]. Cependant

[1] *Affiches, annonces et avis divers,* n° du 4 avril 1770, p. 55.

[2] Savary, *Dictionnaire du commerce,* t. II, p. 424.

[3] Hurtaut et Magny, en 1779, fixent ce nombre à 1,884, t. I, p. 319.

Mercier, en 1788, dit que Paris comptait alors 2,800 maîtres et 5,000 ouvriers tailleurs [1].

La corporation avait son bureau quai de la Mégisserie, et elle était placée sous le patronage de la Trinité. La confrérie, que les statuts de 1583 [2] font remonter à l'année 1402, se réunissait à l'église de la Trinité, dans la rue Saint-Denis. Enfin, la communauté portait pour armoiries : *De gueules à des ciseaux d'argent ouverts en sautoir* [3].

II

LES FEMMES

La *vertugade*, le *vertugadin*, les *paniers*, la *crinoline*. — Persistance de la mode des jupes bouffantes. — Quelle peut en être la cause ? — Ses avantages et ses inconvénients. — Opinion de Montaigne. — Origine des paniers. — Aspect d'une réunion de femmes ainsi parées. — Les paniers raillés au théâtre. — Satire composée par le chevalier d'Hénissart. — Un sermon du P. Bridaine. — Le cardinal de Fleury et les paniers. — Querelle de cotillons terminée par le bourreau.
Le corsage, les manches *en pagode*. — Les *robes volantes*. — Le *grand habit :* le corps, la jupe, la traîne. — Le costume de présentation à la Cour. — Ce costume est un instrument de supplice. — Despotisme de la mode. —

Tableau de Paris, t. X, p. 265.

[2] Article 29.

[3] Bibliothèque nationale, manuscrits, *Armorial général*, t. XXV, p. 322.

Facture d'une marchande de modes pour un costume de présentation. — Les *corps* et les *corsets*. — La *polonaise*, le *caraco*, la *lévite*. — La *lévite à queue de singe*. — Cent cinquante espèces de garnitures pour les robes. — Le *chat*. — Le collet-monté. — Les modes *à la Marlborough*. — Les tournures, nom qu'elles portent au dix-huitième siècle. — Le costume des femmes se rapproche de celui des hommes. — La robe-redingote. — Les pantalons. — L'habillement des différentes classes de la société tend à s'unifier. — Variations de la mode. — Les 8,700 habits complets de l'impératrice Élisabeth. — La garde-robe de Marie-Antoinette. — La corporation des couturières.

Il serait assez curieux de rechercher d'où peut provenir la passion des femmes pour les robes bouffantes, pour ces exagérations de la jupe qui s'appelaient *vertugale* ou *vertugade* au seizième siècle, devinrent *vertugadin* au dix-septième, prirent le nom de *panier* au dix-huitième et de *crinoline* au dix-neuvième. On abandonne de temps en temps ce volumineux ajustement parce qu'il paraîtrait ridicule de porter toujours le même costume, mais la séparation n'est jamais bien longue, et une force invincible y ramène sans cesse.

Cette ténacité est d'autant plus remarquable que chaque réapparition est saluée par des anathèmes et des plaisanteries, auxquelles s'associent volontiers les femmes elles-mêmes, et qui n'influent en rien sur l'universalité et

la durée d'une mode si étrange. Maintenue
dans de raisonnables proportions, je ne la
condamnerais qu'à moitié, car ses inconvénients sont compensés par d'indéniables avantages. Elle a le mérite de mettre en relief
l'étoffe de la jupe, d'en faire ressortir les dessins et la beauté, surtout de produire des plis
bien autrement gracieux que les tuyaux régu-
liers tombant le long des jupes plates. Celles-
ci dessinent le corps, et ne constituent dès
lors ni une défense suffisante contre d'indiscrètes curiosités, ni une protection assez mys-
térieuse de charmes qui semblent souvent
d'autant plus enviables qu'ils sont plus dissi-
mulés. C'était l'opinion de Montaigne : « Pourquoy les femmes couvrent-elles de tant d'em-
peschemens, les uns sur les autres, les parties
où logent principalement nostre désir et le
leur? Et à quoy servent ces gros bastions de
quoy les nostres viennent d'armer leurs flancs,
qu'à leurrer nostre appétit, et nous attirer à
elles en nous esloignant[1]. »

Il est clair qu'au dix-neuvième siècle
comme au seizième, l'on peut accuser toute
mode nouvelle de représenter un blâmable
artifice de coquetterie. J'ajouterai même

---

[1] *Essais,* liv. II, chap. xv.

que les hommes joueraient souvent un rôle
bien sot en condamnant les artifices de ce
genre. Mais on a attribué aux paniers une
origine moins innocente. Dans *La mode*, comédie de Fuzelier jouée en 1719, Barbe Bien-
cousue, maîtresse couturière, déclare qu'elle
a « inventé de nouveaux paniers à ressorts, qui
augmentent à mesure qu'une fille prend sur
son compte la rondeur de sa taille[1]. »

Il y avait là une mine féconde et qui fut
largement exploitée. Voici, par exemple, le
texte d'une énigme que le *Mercure galant* proposa à ses lecteurs dans son numéro de
décembre 1723 :

> En province comme à la Cour,
> Mon art a paru nécessaire
> Pour répandre un nouveau mystère
> Sur les mystères de l'amour.
> Le tempérament le plus sage,
> Après avoir bien combattu,
> A la faveur de mon usage
> Fait souvent brèche à sa vertu.
> Le beau sexe, plein d'inconstance,
> M'inventa pour s'orner, contenter ses désirs,
> Et cacher à la médisance
> Le revenu de ses plaisirs[2].

[1] Voy. Desboulmiers, *Histoire du théâtre italien*, t. 1,
p. 325.

[2] Page 1371.

Inutile d'avertir que le mot est *panier*.

Le *Journal de Verdun* répondit en accusant l'antique vertugadin de n'avoir pas eu d'autre destination :

> Pour cacher les larcins d'amour,
> Vertugadin fut mis au jour.
> Il est propre pour ce mystère :
> Dans un creux et vaste circuit,
> On ôte la vue au vulgaire
> De ce que l'amour y produit [1].

Ce qu'il y a de sûr, c'est que rien n'égalait la splendeur d'une réunion composée de grandes dames en paniers. Madame de Genlis en avait conservé le souvenir, et elle écrivait à une époque où cette mode était depuis longtemps abandonnée : « Il est impossible de se faire une idée de l'éclat d'un cercle formé d'une trentaine de femmes, assises à côté les unes des autres. Leurs énormes paniers sembloient un riche espalier, artistement couvert de fleurs, de perles, d'argent, d'or, de paillons de couleur et de pierreries [2]. »

Les premiers paniers ne remontent guère avant l'année 1719. Mais, depuis longtemps, « toutes les femmes de théâtre, qui ont ordi-

---

[1] Numéro d'octobre 1724, p. 240.
[2] *Dictionnaire des étiquettes*, t. II, p. 40.

nairement des habits fort riches, principalement dans le sérieux, portoient une espèce de
jupon qui ne venoit guère qu'à mi-jambe,
fait d'une grosse toile gommée, assez large
pour donner de la grâce, tenir les jupes en état
et faire paroître la taille. Le bruit que faisoient ces espèces de paniers, pour peu qu'on
les pressât, lui fit donner le nom de
criardes. Les plus larges n'avoient pas deux
aunes, et hors le théâtre il n'y avoit que les
dames du plus grand air qui en portassent[1]. »

S'il faut en croire le *Mercure de France*, la
mode de ces paniers avait pris naissance en
Allemagne, d'où elle passa en Angleterre,
puis en France. Elle y était définitivement
fixée à la fin de 1722, bien que le théâtre
raillât encore ses débuts. Au mois de novembre
de cette année, fut jouée devant le roi à Chan-
tilly une comédie dans laquelle figurent
parmi les personnages Mme Vertugadin et
Mme Fricfrac, toutes deux marchandes de
paniers. La pièce se termine par un *divertis-
sement* qui a pour refrain :

Il faut qu'à la mode
Chacun s'accommode.

[1] *Mercure de France*, numéro d'octobre 1730, p. 2,311.

> Le fou l'introduit,
> Le sage la suit.

Ses inconstances y sont aussi célébrées, en
vers faciles, par une « marchande de modes, »
qui chante :

> Le vertugadin, ridicule
>   Dans nos jeunes ans,
> Se porte à présent sans scrupule,
>   Comme au bon vieux temps.

.   .   .   .

> Tous les afiquets
> Et colifichets
> Qu'aujourd'hui l'on admire
> A la foire, au Palais,
> Dans deux jours feront rire,
> Et de la satyre
> Seront les objets [1].

Une comédie, imprimée deux ans plus tard,
met en scène une soi-disant marchande de
paniers, nommée Mme de la Vertugadière.
Elle endoctrine une vieille cliente, énumère
la beauté, l'utilité de ses marchandises, lui
décrit la variété des modèles entre lesquels
une élégante peut choisir. Elle lui vante les
paniers *solides*, à l'usage des prudes ; les *plians*,
préférés par les dames galantes ; les *mixtes*
adoptés par les femmes « du tiers état, » et

---

[1] Legrand, comédien du roi, *Les paniers*.

aussi les *matelas postérieurs*[1]. Je reviendrai
tout à l'heure sur ce dernier article.

En 1727, le chevalier J.-F. d'Hénissart
comparait à des boules les femmes rendues
par leurs paniers aussi larges que hautes.
Encore, disait-il,

> On loûroit les inventions
> De ces ridicules parades
> Si c'étoient des précautions
> Pour leur servir de palissades.
> Mais le public, trop indiscret,
> Dit que cette vaine parure
> N'est que pour prendre au trébuchet
> Ceux qui viennent à l'aventure.
> Et la critique, sans égard,
> Tient qu'incivile est l'habitude
> D'avoir placé le traquenard
> D'une façon qui soit si rude [2].

Traquenard était le nom donné au premier
cerceau des paniers, à celui d'en haut. On en
mettait ordinairement cinq. Les paniers dits
à l'anglaise en avaient huit; faits en toile glacée
ou en taffetas, ils coûtaient de dix à cinquante
livres. On payait beaucoup plus cher ceux qui
étaient ornés de broderies, de galons d'or et

---

[1] *Les paniers ou la vieille précieuse*, 1724, in-12.
[2] *Satyre sur les cerceaux, paniers, criardes et manteaux
volans des femmes, et sur leurs autres ajustemens.* In-12.

d'argent[1]. Il y en avait de plus communs pour
les petites gens, car, en 1729, tout le monde
prétendait s'en parer : « Les dames n'en
veulent pas démordre. Les paniers, plus grands
qu'ils n'ont encore été, quoiqu'aussi embar-
rassans pour celles qui les portent qu'incom-
modes et choquans pour les autres, sont toujours
fort à leur gré. Elles les chérissent extrêmement, et il n'y a pas jusqu'aux servantes qui
ne sçauroient aller au marché sans panier[2]. »

Le *Mercure de France* me fournit encore les
renseignements suivants sur l'armature des
paniers et sur les différentes formes qu'on
leur donnait :

Les paniers furent ainsi appelés parce qu'ils
étoient faits comme une espèce de cage ou de
panier à mettre de la volaille, percez à jour, n'y
ayant que des rubans attachez aux cercles, faits de
nattes de cordes, de jonc ou de baleines. Aujour-
d'hui le corps du panier est fait en juppe, d'une
toile écruë en gros taffetas sur lequel on applique
les cercles de baleine. Quelques dames d'une grande
modestie, mais en très-petit nombre, se sont tenues
aux juppons piquez de crin, qui ne font pas un
grand volume et qui font un effet raisonnable...
Les paniers ont aujourd'hui plus de trois aunes

[1] *Mercure de France,* numéro d'octobre 1730.
[2] *Mercure de France,* numéro de mars 1729, p. 611.

de tour. On les fait tenir en état par le moyen de
petites bandes de nattes faites de jonc, ou de petites
lames d'acier ; mais plus ordinairement avec de la
baleine, qui est fort flexible, qui se casse moins et
qui rend les paniers moins pesans. Ceux qu'on
appelle *à coudes,* sont plus à la mode que ceux *à gué-
ridons ;* on les appelle *à coudes,* parce qu'ils sont
plus larges par le haut et que les coudes posent
presque dessus : ils forment mieux l'ovale que les
autres [1].

On a vu comment les poètes traitaient cette
mode extravagante. L'Église, de son côté, ne
s'en tenait pas aux railleries ; elle anathéma-
tisait les coquettes créatures qui ne savaient
pas résister à de si tentantes séductions. Par
la voix de ses pasteurs les plus écoutés, elle
menaçait de terribles châtiments dans ce
monde et dans l'autre les porteuses de paniers,
ce qui revenait à damner d'un seul coup à peu
près toutes les femmes. Le Père Bridaine, un
prédicateur sans prétention, dont l'éloquence
bizarre, grotesque même parfois, eut des
éclairs de génie, consacra aux paniers un sermon tout entier[2], dont quelques passages
méritent d'être recueillis :

---

[1] Numéro d'octobre 1730, p. 2,311.
[2] *L'indignité et l'extravagance des paniers pour les
femmes chrétiennes.*

Je voudrois bien savoir, mesdames, de quel génie vous êtes poussées, et pour qui vous nous prenez, voulant, dans un état si grossier et si déplorable, passer à nos yeux et dans l'esprit du monde chrétien pour spirituelles et dévotes, chargées comme vous êtes de la misère d'un immense et superbe panier, qui tient à la ronde au moins la place de six personnes; cause funeste de l'embarras que vous donnez dans vos passages, prenant votre panier à deux mains et faisant voir un cercle de bois sous une jupe arrogante et fastueuse. Tel.est le charmant régal et le spectacle que vous donnez au public dans nos églises, aux approches du saint autel et dans les rues de la grande ville...

Les paniers ne sont pas seulement une marque de folie et d'extravagance, mais encore d'une opération diabolique et propre à exciter au péché les malheureux hommes qui les regardent avec attention dans les femmes qui en sont parées et revêtues...

Ce grand panier, par son enflure énorme.et son étendue démesurée, tient au moins la moitié d'une rue en largeur et vous fait paroître, mesdames, tantôt une porteuse d'eau, comme si deux seaux étoient, sous votre jupe enflée, attachés à votre corps, tantôt comme une tambourineuse, formant à votre droite et à votre gauche deux enflures merveilleusement aplanies au-dessus, ressemblant à deux tambours cachés sous votre jupe, et ne manquant à vos mains que deux baguettes pour toucher dessus. Vous faites encore servir ces deux enflures à soutenir vos deux coudes, étrangement fatigués

de porter un fardeau si incommode et aussi lourd
que votre esprit toujours en écharpe. Et c'est là,
mesdames, tout ce qu'il vous faut pour vous bien
tympaniser vous mêmes dans le monde universel :
en voilà assez pour vous occuper toute votre vie.

Mais non contentes de vous en tenir là, comment
la passez-vous cette vie destinée à faire votre salut,
votre éternité heureuse ou malheureuse ? Ah ! vous
la passez presque tout entière à vous parer, à vous
plâtrer, à vous farder, à vous friser, à vous mirer,
à vous idolâtrer, à traîner tout cet étalage de Satan
dans les rues de la grande ville et jusqu'aux pieds
de nos saints autels. C'est ainsi qu'au mépris de la
pénitence, vous vous faites un amas d'iniquités que
vous porterez après votre mort au tribunal de
Jésus-Christ, notre grand et souverain Juge, après
avoir mené une vie animale, mondaine et païenne
jusqu'à la fin de vos jours...

Mais à quoi doivent s'attendre les dames mon-
daines et profanes, qui sur cet article n'ont ni reli-
gion, ni pudeur, ni crainte de Dieu ; voulant vivre
et mourir dans l'impénitence, chargées de l'énorme
poids de leur panier, toujours fatigant et scanda-
leux ; soit qu'elles paroissent assises ou debout
dans une boutique sous l'enflure de ce fastueux
étalage, soit qu'elles se campent sur le pas d'une
porte pour observer les passans ou pour les prendre au filet d'un séduisant appât. A quoi dis-je doi-
vent-elles s'attendre, ces infortunées créatures,
qu'à des désastres inouis, à des châtimens rigou-
reux de la part de Dieu, et en ce monde et en
l'autre ?

Éloignez donc de vous, mesdames, ces ajustemens mondains et superflus qui ne servent qu'à
la vanité et à la pompe, qu'à donner de nouveaux
et inutiles agrémens à la beauté d'un corps mortel
et périssable. Mais quels sont les châtimens de
Dieu que vous ne craignez point, et que vous devez
craindre, mesdames, si vous ne quittez cette voie
de damnation et de scandale pernicieux? Apprenez-
les du prophète Isaïe.

« Les filles de Sion et les dames du siècle se sont
élevées. Elles ont mesuré tous leurs pas et étudié
toutes leurs démarches, revêtues de leurs habillemens superbes et pompeux. Le Seigneur les dé-
pouillera de leurs coiffures; il leur ôtera leurs
habits magnifiques, leurs croissans d'or, leurs boî-
tes de parfums, leurs pendans d'oreilles, leurs
bagues, leurs pierreries, leurs robes superbes, » et
en nos jours l'arrogance de leurs paniers, leurs
écharpes, leur beau linge, leurs poinçons de diamans, leurs miroirs, leurs chemises de grand prix
et leurs habillemens légers qu'elles portent en été.

« Leur parfum sera changé en puanteur, leur
ceinture d'or en une corde, leurs cheveux frisés en
une tête nue et sans cheveux, et leur riche corps de
jupe en un cilice. »

Voilà, mesdames, le sermon que j'avois à vous
faire, c'est la pure et sainte parole de Dieu : vous
n'oseriez y contredire, et c'est là-dessus que vous
serez jugées.

Mais les paniers n'ont pas seulement une
histoire anecdotique et une histoire religieuse;

ils ont aussi joué un rôle politique, et fort
tourmenté le cardinal de Fleury, premier
ministre sous Louis XV. Voici à quelle occasion. La reine Marie Leszcinska, personne fort
réservée, fort dévote d'ailleurs, portait des
paniers de dimension très modeste, juste ce
qu'il en fallait pour ne pas être ridicules. Les
princesses de son entourage ne suivaient pas
cet édifiant exemple, de sorte que, dans beaucoup d'occasions et surtout au théâtre, la
pauvre reine disparaissait sous les jupes de
ses voisines. La présence de deux princesses
aux côtés de la souveraine était indispensable,
et celles-ci refusaient absolument de dimi-
nuer l'ampleur de leurs cerceaux. Après mûres
réflexions, le cardinal décida qu'à l'avenir un
fauteuil resterait vide à droite et à gauche de
la reine.

Cet événement fit grand bruit, fut pendant
longtemps le sujet des conversations à la ville
comme à la Cour, et l'avocat Barbier le men-
tionna ainsi dans son Journal :

On ne croiroit pas que le cardinal a été embar-
rassé par rapport aux paniers que les femmes portent sous leurs jupes pour les rendre larges et éva-
sées. Ils sont si amples, qu'en s'asseyant cela pousse
les baleines et fait un écart étonnant, en sorte qu'on

a été obligé de faire faire des fauteuils exprès. Il ne tient plus que trois femmes dans les loges des spectacles, pour qu'elles soient un peu à leur aise. Cela est devenu extravagant comme tout ce qui est extrême, de manière que les princesses étant assises à côté de la reine, leurs jupes qui remontoient cachoient la jupe de la reine. Cela a paru impertinent, mais le remède étoit difficile, et à force de rêver, le cardinal a trouvé qu'il y auroit toujours un fauteuil vide des deux côtés de la reine, ce qui l'empêcheroit d'être incommodée [1].

L'affaire ne devait point en rester là. La décision prise par le cardinal souleva de vives protestations. Du moment où l'on réservait un espace entre la reine et les princesses, celles-ci demandèrent que l'on en établît un entre elles et les duchesses. Le ministre accorda l'espace désiré ; seulement, pour que la distinction des rangs restât observée, on leur concéda, au lieu d'un fauteuil, un simple tabouret. Aussitôt, grand émoi parmi les duchesses, qui eussent souhaité aussi une ligne de démarcation entre elles et le reste de la noblesse. Mais la place libre devant continuer à être proportionnée à la condition des personnes, l'on n'aurait guère pu leur offrir qu'un petit banc, ce qui paraissait humiliant. Elles prirent une autre

[1] Mars 1728, t. II, p. 37.

voie. Dans un mémoire très injurieux pour les
princes de sang, elles tournèrent en ridicule
le privilège dont elles ne jouissaient pas. Ce
mémoire fut attribué d'abord au duc de La Tré-
moille, ensuite au duc de Rohan-Chabot [1].
Bien qu'il n'ait jamais été imprimé, il fut
déféré au Parlement, qui le condamna au feu.
Le 30 avril 1728, à midi, les deux exemplai-
res manuscrits que l'on avait pu saisir « furent
lacérés et jetés au feu, au bas du grand escalier du Palais, par l'exécuteur de la haute
justice [2]. »

Ce fut donc le bourreau qui termina cette
grave querelle de cotillons susceptibles. Mais
la mode des paniers n'en fut point ébranlée,
et elle subsista jusqu'à la Révolution. Le 31
août 1789, madame de Lostanges, présentée à
Versailles, avait encore payé 102 liv. une
vaste tournure commandée à mademoiselle
Motte, fournisseuse de la Cour [3].

Les vêtements de femmes sous Louis XV
différèrent peu de ce qu'ils étaient sous le
règne précédent. Le corsage reste très ajusté,

---

[1] Barbier, mai 1728, t. II, p. 41.

[2] *Mercure de France,* n° de mai 1728, p. 1074.

[3] Comte de Reiset, *Livre-journal de Mme Éloffe,* t. I,
p. 407.

un peu long et souvent terminé par de petites
basques. Les manches, dites *pagodes*, sont très
courtes, très ouvertes et terminées en entonnoir. La *robe volante*, restée pendant longtemps en faveur, avait la forme d'un peignoir,
que rendait gracieux l'ampleur de l'étoffe
flottant sur les côtés et sur le dos. Tenue longue par derrière, il fallait, pour qu'elle ne
traînât pas à terre, la relever soit avec la main,
soit avec des épingles. La jupe était maintenue bouffante par le panier appelé *janséniste*,
jupon piqué et doublé de crin, qui ne descendait guère plus bas que les genoux.

La toilette de cérémonie, le costume de
Cour, représentait l'exagération de cet habillement élégant et assez commode. Ce que l'on
nommait le *grand habit* se composait d'un
corps, d'une *jupe*, d'un *jupon* et d'un *bas de
robe*. Le *corps*, armé de baleines, condamnait
à un véritable martyre les malheureuses qui y
étaient sanglées; le *bas de robe* ou *traîne* avait
une longueur démesurée. Dans la comédie de
Legrand, pendant que Mme de Préfané gronde
son cocher, «ses laquais mangent des pommes
et des noix dans sa queue et s'en essuyent la
bouche : »

Mme de Préfané.

Que faites-vous donc là, vous autres?

FRISEMOUCHE, *premier laquais.*

Nous dînons, madame.

MME DE PRÉFANÉ.

Comment, vous dînez! En vérité, je vous conseille de faire servir ma queuë de nappe.

LA FAMINE, *second laquais.*

Il est plus de cinq heures, et nous n'avons pas encore mangé d'aujourd'hui.

DORINETTE, *filleule de Mme.*

Ces coquins-là ne sçauroient comprendre que quand on ne dîne point, on en souppe mieux [1].

J'ai parlé ailleurs du costume *de présentation* [2]. L'étiquette sur ce point était inflexible, et exigeait le déploiement d'un luxe inouï :

Le jour qu'une dame est présentée à la Cour, son corps, son bas de robe et son jupon doivent être noirs, mais tous les agrémens sont en dentelle à rézeau. Tout l'avant-bras, excepté le haut vers la pointe de l'épaule où le noir de la manche paroît, est entouré de deux manchettes de dentelle blanche, au-dessus l'une de l'autre, jusqu'au coude. Au-dessous de la manchette d'en bas on place un bracelet noir formé de pompons. Tout le tour du haut du corps se borde d'un tour de gorge de dentelle blanche, sur lequel on met une palatine noire étroite, ornée de pompons, qui descend du col et qui accompagne le devant du corps jusqu'à la ceinture. Le jupon et

---

[1] *Les paniers*, scène VIII.
[2] Voy. les *Variétés gastronomiques*, p. 206.

le corps sont aussi ornés de pompons faits avec du
rézeau ou de la dentelle d'or.

Le lendemain du jour de la présentation, on se
pare d'un habit semblable au premier, excepté que
tout ce qui étoit noir se change en étoffes de couleur ou d'or.

Lorsqu'une dame ne peut point endurer un *corps*,
il lui est permis de mettre un corset[1], et par dessus
une mantille[2].

Ceci, bien entendu, n'était permis qu'aux
vieilles, aux infirmes, aux contrefaites. « La
parure alors, écrit madame de Genlis, étoit un
vrai supplice. Il falloit subir l'opération de
deux mille papillons sur la tête, d'une coiffure
qui duroit deux heures et dont l'extrême exagération étoit aussi incommode que ridicule.
Il falloit se serrer à outrance dans un corps
baleiné, s'affubler d'un panier de trois aunes
et marcher sur des espèces d'échasses[3]. »
Cinquante ans après sa présentation à la Cour
de Louis XV, madame de Genlis se souvenait
encore des souffrances qu'elle avait endurées
à cette occasion : « La veille, mesdames de
Puisieux et d'Estrées voulurent que j'eusse

---

[1] Un corsage.
[2] Jaubert, *Dictionnaire des arts et métiers,* édit. de 1773,
t. III, p. 91.
[3] *Dictionnaire des étiquettes,* t. II, p. 41.

D'après *Les contemporaines* de Rétif de la Bretonne.

mon grand corps pour dîner, afin, disoient-
elles, de m'y accoutumer. Ces grands corps
laissoient les épaules découvertes, coupoient
les bras et génoient horriblement : d'ailleurs,
pour montrer ma taille, elles me firent serrer
à outrance [1]. »

D'où procède donc l'inconcevable despotisme de la mode? On peut, dans une certaine
mesure, se montrer indulgent vis-à-vis des
paniers; mais comment expliquer qu'il se soit
trouvé des gens assez imbéciles pour inventer
ces effroyables instruments de torture, des
femmes assez sottes pour en préparer la vogue,
des coquettes assez folles pour se soumettre à
un supplice qui n'avait même pas le mérite de
les rendre gracieuses? Louis XIV, au temps
de sa toute-puissance, au temps où il était
adoré comme un dieu, vit sur deux points son
autorité méconnue, il ne put obtenir des hommes qu'ils renonçassent aux perruques et à la
poudre [2], des femmes qu'elles abandonnas-
sent leurs hautes coiffures. Il courba le front,
se reconnut vaincu, humilia son orgueil, porta
perruque et se poudra malgré ses répugnan-
ces, toléra sur les jolies têtes de sa Cour des

[1] Mme de Genlis, *Mémoires*, t. I, p. 241.
[2] Voy. *Les soins de toilette.*

échafaudages qu'un beau jour une petite étrangère renversa d'un coup d'œil[1].

Voici maintenant, copiée sur les livres d'une célèbre marchande de modes, la facture qui fut fournie, le 18 janvier 1789, à la princesse de Solre :

FOURNITURE ET FAÇON D'UN MAGNIFIQUE HABIT DE PRÉSENTATION, composé de :

Taffetas d'Italie blanc, frange de soie torse blanche ; retombants de paillons argent bordés de perles et frange en grenat blanc ; rubans à deux rangs de paillons argent et trois rangs de jais blanc bordés de perles ; fond d'habit de satin blanc rayé de rubans en paillons argent et jais ; crêpe blanc brodé de jais ; guirlande en feuilles de fleurs d'oranger en satin blanc et paillons argent ; rattaches à deux retombants en satin blanc ; quatre rattaches de bas de robe en paillons et jais ; quatre glands de bas de robe argent ; une palatine bordée de blonde et crêpe brodé en jais ; bracelets en ruban de satin blanc jais et perles ; bouquet de côté en pois de senteur et roses ; un panier de toile garni à volans de taffetas blanc avec son enveloppe (102 liv.) ; barbes de dentelle noire, manches et grand corps : 1,382 liv. 4 s. 4 d.[2].

Pour avoir la description complète et le

---

[1] Voy. l'article *Chapellerie et modes.*
[2] Comte de Réiset, *Livre-journal de Mme Éloffe*, t. 1, p. 316.

prix d'un costume de présentation, il faudrait joindre à cette facture celle du tailleur qui avait fourni le corps et le bas de robe, ainsi que celle de la couturière chargée de confectionner la jupe; la marchande de modes se bornait à ajouter à tout cela les pompons et les agréments.

Depuis le règne de Louis XV, les mots *corps* et *corset* deviennent à peu près synonymes, et, comme je l'ai dit, jamais peut-être le pouvoir de la mode ne s'affirma plus clairement que dans la faveur dont jouirent ces cruelles armatures de baleines et d'acier. Blâmées, réprouvées par tout le monde, elles résistaient à toutes les critiques, à toutes les attaques. L'anatomiste Winslow, J.-J. Rousseau, Buffon en firent vainement ressortir les dangers. En 1770, un sieur Bonnaud publia contre elles un mémoire intitulé : *Dégradation de l'espèce humaine par l'usage des corps à baleine, etc.;* dans son *Essai sur les corps baleinés*, un nommé Reisser, tailleur établi à Lyon, proposa d'y apporter des réformes qui équivalaient à une suppression. Rien n'y fit, et le comte de Vaublanc pouvait encore écrire en 1782 : « Il faut se réjouir de ce que les femmes, en se donnant par leurs corsets une taille roide, se

privent ainsi du plus dangereux des attraits,
de cette souplesse élégante qui, dans d'autres
pays, est le plus séduisant de leurs charmes [1]. »
Somme toute, pour détruire la mode des corps
baleinés, il ne fallut rien moins que la tempête
révolutionnaire de 1789.

La *polonaise*, le *caraco*, la *lévite*, constituant
une tenue un peu négligée, n'excluaient pas le
corset baleiné. La lévite avait été mise à la
mode par Marie-Antoinette, lors de sa première grossesse en 1778. Ce vêtement fut
perfectionné, trois ans après, par la vicom-
tesse de Jaucourt, qui eut la gloire d'inventer
la lévite *à queue de singe*. Au mois de juin 1781,
elle parut « au Luxembourg, avec cette queue
très longue, très tortillée, et si bizarre que tout
le monde se mit à la suivre, ce qui obligea les
suisses de Monsieur de venir prier cette dame
de sortir, pour éviter un trop grand tumulte [2]. »

Un ouvrage, imprimé en 1779, nous décrit
ainsi la toilette des dames à cette époque :

La robe de la couleur le plus à la mode est appelée
cheveux de la reine. A celle-là succède la couleur
puce. On porte les robes garnies de la même étoffe :

---

[1] *Souvenirs*, p. 136
[2] *Mémoires secrets dits de Bachaumont*, 3 juin 1781,
t. XVII, p. 204.

le satin *paille à boyau* est surtout fort en vogue. On
les garnit de différentes façons, soit en gaze, soit
en dentelle ou fourrure.

On compte cent cinquante espèces de garnitures.
Ensuite viennent les satins brochés et peints, qui
ont chacun un nom. Les plus à la mode sont couleur *de soupir étouffé*. Les *verd-de-pomme* rayé de
blanc ont aussi un grand succès; on les nomme
vive-bergère. On porte les rubans qui tranchent le
plus.

Voici les noms de quelques garnitures : *les plaintes
indiscrètes, la grande réputation, l'insensible, le désir
marqué.* Il y en a *à la préférence, aux vapeurs, au
doux sourire, à l'agitation, aux regrets superflus, à
la composition honnête,* etc.

Jamais la niaiserie sentimentale n'avait eu
tant de succès.

Les paniers sont petits, mais épais par le haut.
Les mantes sont bannies, on porte pour fichu une
palatine de duvet de cygne, qu'on appelle un *chat :*
chaque femme à un chat sur le col. Derrière les
épaules, elles ont une machine de dentelle, de gaze
ou de blonde fort plissée, qu'on appelle *archidu-
chesse* ou *médicis, Henri* iv ou *collet monté.*

Les rubans les plus à la mode s'appellent *attention,
marque d'espoir, œil abattu, soupir de Vénus, un
instant, une conviction,* etc.

On a vu à l'Opéra une dame avec une robe *soupir
étouffé,* orné de *regrets superflus,* avec un point au
milieu de *candeur parfaite,* une *attention marquée,*
des souliers *cheveux de la reine,* brodés en dia-

mans en *coups perfides,* et le *venez-y-voir*[1] en
émeraudes ; frisée en *sentimens soutenus,* avec un
bonnet de *conquête assurée,* garni de *plumes volages,*
avec des rubans *d'œil abattu;* ayant un *chat* sur les
épaules, couleur de *gens nouvellement arrivés,* derrière une *médicis* mon tée *en bienséance,* avec un
désespoir *d'opale* et un manchon *d'agitation momentanée*[2].

En 1783, la complainte de Marlborough,
révélée à la Cour par la nourrice du Dauphin,
est dans toutes les bouches, et « tout se fait
à la Malborough. Il y a des rubans, des coëf-
fures, des gilets, mais surtout des chapeaux à
la Marlborough[3]. » La petite-fille du fameux
général se fit expédier « un essai de toutes les
modes imaginées *à la Malborough,* soit à
l'usage des hommes, soit à l'usage des femmes[4]. »

A ce moment, les paniers ont perdu beaucoup de leur ampleur. Ils se sont vus peu à
peu remplacés, sur les côtés par des *coudes*

---

[1] On nommait ainsi la couture placée derrière le soulier.

[2] Hurtaut et Magny, *Dictionnaire historique de Paris,*
1779, 4 vol. in-8°, t. III, p. 555. — Cette citation est
reproduite en entier dans les *Souvenirs du marquis de Val-
fons* (Paris, 1860, in-18, p. 415), qui se l'approprie et l'applique à l'année 1786. La dame de l'Opéra est nommée, ce
serait la célèbre Duthé.

[3] Bachaumont, 17 juin 1783, t. XXII, p. 12.

[4] Bachaumont, 14 août 1783, t. XXIII, p. 103.

qui accusent les hanches, et en arrière par le
c.. qui fait bomber la jupe. Notez qu'il n'y
avait pas d'autre mot pour désigner ce dernier
accessoire de la toilette. Un recueil grave,
l'*Encyclopédie méthodique* [1], tenant à modifier
cet inconvenant substantif et ne trouvant pas
d'euphémisme acceptable, prit le parti d'en-
lever une de ses trois lettres. On y lit : « Le *cu*
n'est qu'une toile, garnie en crin entre ses
doubles et piquée à larges carreaux; on lui
donne une demi-aune de largeur sur un tiers
de hauteur. Il est froncé à la ceinture, de
façon qu'il bouffe en arrière et fait relever la
robe sans la charger beaucoup [2]. » La comtesse
de Genlis qui fut, comme on sait, gouvernante
des princesses puis des princes de la famille
d'Orléans, écrit dans ses *Mémoires :*

Madame de Matignon, arrivant de Naples, fut
obligée d'aller sur-le-champ à Marly, où étoit la
Cour ; elle ne s'arrêta à Paris que pour y coucher.
Elle n'y avoit vu que deux ou trois personnages
très-sérieux, qui n'avoient pas imaginé de la mettre
au fait des modes nouvelles : il s'en étoit établi
une, devenue universelle depuis douze ou quinze
jours. Cette mode, qui n'avoit rapport qu'à l'habillement des femmes, consistoit à se mettre par-

---

[1] Paris, 1782-1832, 166 vol. in-4°.
[2] *Manufactures et arts* (1785), t. I, p. 87.

derrière, au bas de la taille et sur la croupe, un paquet plus ou moins gros, plus ou moins parfait de ressemblance, auquel on donnoit sans détour le nom de c..[1].

Madame de Matignon ignoroit complétement l'établissement de cette singulière mode. Elle n'arriva à Marly que pour se coucher, on la logea dans un appartement qui n'étoit séparé de celui qu'occupoit madame de Rully (aujourd'hui madame la duchesse d'Aumont) que par une cloison très-mince et une porte condamnée. Qu'on se figure, s'il est possible, la surprise de madame de Matignon, lorsque le lendemain, deux heures après son réveil, elle entendit entrer chez madame de Rully madame la princesse d'Hénin, qu'elle reconnut à la voix, et qui, sur-le-champ, dit : Bonjour mon cœur, montrez-moi votre c...— Madame de Matignon, pétrifiée, écouta attentivement et recueillit le dialogue suivant. Madame d'Hénin, reprenant la parole, s'écria avec le ton de l'indignation : « Mais, mon cœur, il est affreux, votre c.., étroit, mesquin, tombant; il est affreux, vous dis-je. En voulez-vous voir un joli? tenez, regardez le mien. — Ah! c'est vrai! reprit madame de Rully, avec l'accent de l'admiration. Regardez donc, mademoiselle Aubert (c'étoit sa femme de chambre, présente à cette scène), il est réellement charmant le c.. de madame d'Hénin, comme il est rebondi!... le mien est si plat, si maigre!... Ah! le joli, le joli c..! Voilà comme il faut avoir un c.. quand on veut réussir

[1] Mme de Genlis écrit partout le mot en toutes lettres

dans le monde. Il est bien heureux que j'aie été
chargée du soin de vous surveiller [1]. »

La Révolution revint au costume collant, et
détróna ainsi le c.. qui, comme toutes les
modes évanouies, a fini par reparaître, et porte
aujourd'hui le nom de *tournure*.

En 1788, par imitation de la mode anglaise,
les femmes rapprochèrent le plus possible
leur costume de celui des hommes. Elles inau-
gurèrent les robes-redingotes et le gilet, lais-
sèrent pendre double breloque sur la jupe, se
chaussèrent de souliers à talons plats, mirent
sur leur tête un chapeau de castor et prirent à
la main une canne légère [2].

C'est aussi de Londres que nous arriva la
mode des pantalons féminins. En Angleterre,
ils n'étaient à l'usage que des jeunes filles à
qui l'on enseignait la gymnastique; mais, au
printemps de 1809, quelques Parisiennes
s'éprirent de ce vêtement. « On les vit se pro-
mener en pantalon de perkale garni de mousseline, les unes sur les boulevards, les autres
aux Tuileries. Quoique leur robe fût longue
et le pantalon très peu visible, elles mar-
chaient les yeux baissés, parce que tout le

[1] Édit. de 1825, t. VI, p. 195.
[2] Mercier, *Tableau de Paris*, t. XI (1788), p. 17.

monde avait les regards fixés sur elles [1]. »

Vers la fin du règne de Louis XVI, Marie-
Antoinette, compromise dans l'obscure affaire
du collier, dut abdiquer le sceptre de la mode.
A ce moment, les idées nouvelles prônées par
la philosophie du dix-huitième siècle avaient
rencontré des adeptes à la Cour même ; et, par
le costume au moins, il semblait qu'une fusion
complète se préparât entre les différentes
classes de la société. Les grands seigneurs
raffolaient du costume bourgeois, de la chenille, les femmes de la halle portaient des
dentelles et des diamants.

Déjà, sous la Régence, le Père de Larue,
sermonnaire en vogue, reprochait aux femmes
« d'aller seules et sans témoin où il leur plaist ;
de se faire servir par des valets de leur âge et
de s'habiller à leurs yeux [2] ; de n'user d'habits
sérieux qu'aux jours de cérémonie, et de passer les autres jours enveloppées plustost que
vestues d'habillemens négligez. » Et il ajou-
tait : « Au siècle du Sauveur, la pompe des
habits n'estoit que dans la Cour des princes.

---

[1] P. de Lamésangère, *Dictionnaire des proverbes français*, édit. de 1821, p. 351.
[2] Voy. *Les soins de toilette*, p. 121 et appendice,
p. 12.

Aujourd'huy ce désordre a passé aux particuliers, il règne par tout le monde, et le luxe a
cessé d'estre le vice des grands. Ce n'est plus
à eux seuls qu'il faut donner des leçons de
modestie, c'est au peuple et aux artisans [1]. »

Ces accusations n'étaient contradictoires
qu'en apparence. L'amour du luxe avait, en
effet, gagné la bourgeoisie et même le peuple,
sans avoir été abandonné par la Cour. On y
affichait un certain dédain de l'étiquette, parce
que l'on voulait s'affranchir de la gêne, des
obligations qu'elle imposait, mais l'on n'y
restait pas moins, et autant que jamais, fidèle
au culte de la mode. Montesquieu écrivait en
1717 : « Une femme qui quitte Paris pour
aller passer six mois à la campagne en revient
aussi antique que si elle s'y étoit oubliée
trente ans. Le fils méconnoît le portrait de sa
mère, tant l'habit avec lequel elle est peinte
lui paroit étranger; il s'imagine que c'est
quelque Américaine qui y est représentée ou
que le peintre a voulu exprimer quelqu'unes
de ses fantaisies [2]. »

La même idée est exprimée en autre lan-

---

[1] *Sermon sur le luxe des habits,* édit. de 1719, t. I,
p. 239 et 256.
[2] *Lettres persanes,* lettre 100.

17.

gage par Legrand, dans sa comédie des *Paniers*. Guillaume, portier de Mme de Préfané, fait ainsi part à Dorinette des étonnements que lui a causés l'aspect des Parisiennes : « Morgué, les femmes de Paris sont bien changeantes. Il y avoit trois ans que je n'y étois venu, et je n'y ai quasiment rien reconnu... Celles qui étoient blondes sont devenues brunes, celles qui avoient de grands cheveux n'ont plus que des têtes de barbet, celles qui avoient des clochers sur la tête sont raccourcies d'un pied et demi, et celles qui étoient menues comme des fuseaux sont à présent grosses comme des tours [1]. »

Madame de Mailly, maîtresse de Louis XV, couchait « toute coiffée et la tête pleine de diamans [2]. » Marie-Antoinette se contentait d'« un corset lacé à crevés de rubans, avec des manches garnies de dentelles [3]. » On a beaucoup blâmé sa coquetterie et les dépenses qu'elle faisait pour sa toilette. Sa garde-robe était cependant bien modeste si on la compare à celle de l'impératrice Élisabeth [4], qui possédait « 8,700 habits complets, des deshabillés

[1] Scène VI.
[2] Duc de Luynes, *Mémoires*, 14 août 1739, t. III, p. 7.
[3] Mme Campan, *Mémoires*, t. I, p. 313.
[4] Morte en 1761.

innombrables et une multitude infinie d'étoffes de tous genres en pièces ou coupées [1]. »

Marie-Antoinette, écrit Mme Campan, avait ordinairement, pour l'hiver, douze grands habits, douze petites robes dites de fantaisie, douze robes riches sur panier, servant pour son jeu ou pour les soupers des petits appartemens.

Autant pour l'été. Celles du printemps servaient en automne. Toutes ces robes étaient réformées à la fin de chaque saison, à moins qu'elle n'en fît conserver quelques-unes qu'elle avait préférées. On ne parle point des robes de mousseline, percale ou autres de ce genre : l'usage en était récent; mais ces robes n'entraient pas dans le nombre de celles fournies à chaque saison, on les conservait plusieurs années.

Le valet de la garde-robe présentait tous les matins à la première femme de chambre un livre sur lequel étaient attachés les échantillons des robes, grands habits, robes deshabillées, etc. : une petite portion de la garniture indiquait de quel genre elle était. La première femme présentait ce livre, au réveil de la reine, avec une pelote. Sa Majesté plaçait des épingles sur tout ce qu'elle désirait pour la journée : une sur le grand habit qu'elle voulait, une sur la robe déshabillée de l'après-midi, une sur la robe parée pour l'heure du jeu ou le souper[2].

---

[1] Métra, *Correspondance secrète*, 26 juillet 1776, t. III, p. 202.

[2] *Mémoires*, t. I, p. 289.

Voyons maintenant dans quelles conditions se trouvait, à la fin du dix-huitième siècle, la corporation des couturières. Les maîtresses étaient au nombre de 1,700 environ [1]. Le brevet d'apprentissage coûtait 20 livres et la maîtrise 175 livres, chiffre qui fut réduit à 100 livres en 1776.

La communauté reçut de nouveaux statuts le 5 février 1782. En vertu des principes établis par l'édit d'août 1776 [2], les couturières acquirent le droit de confectionner, en concurrence avec les tailleurs, les corps, corsets et paniers baleinés, les robes de chambre pour hommes, les dominos pour bals, etc. La durée de l'apprentissage n'est point fixée, mais toute fille ayant travaillé pendant deux ans chez une couturière de Paris put être reçue maîtresse à seize ans; celles qui étaient restées libres n'étaient pas admises avant vingt-deux ans [3].

Les couturières étaient placées sous le patronage de saint Louis [4], et la confrérie se réu-

---

[1] Savary, *Dictionnaire du commerce*, t. II, p. 424. — Jaubert, *Dictionnaire des arts et métiers*, t. I, p. 573.

[2] Voy. *Comment on devenait patron*, p. 251 et suiv.

[3] *Encyclopédie méthodique*, jurisprudence, t. IX, p. 615.

[4] Article 12 des statuts de 1675.

nissait à l'église Saint-Gervais[1]. La corporation avait pour armoiries : *D'azur, à des
ciseaux d'argent ouverts en sautoir*[2]. Les ciseaux
sont d'une autre forme et plus fins que ceux
qui figurent dans les armoiries des tailleurs[3].

[1] Voy. *Statuts et règlemens de la confrérie de Saint-
Louis, érigée en l'église paroissiale de Saint-Gervais de
Paris*, 1677, in-4°.

[2] Bibliothèque nationale, manuscrits, *Armorial général*,
t. XXV, p. 447.

[3] Voy. ci-dessus, p. 266.

ÉCLAIRCISSEMENTS

I. Lettre de maîtrise accordée à un fils de maître par les merciers. Vers 1750. — II. Érection en communauté du métier de couturière. 30 mars 1675. — III. Premiers statuts des couturières. 30 mars 1675. — IV. Statuts de la confrérie des couturières. Année 1677. — V. Contrat d'allouage d'une couturière. 9 avril 1687.

I

LETTRE DE MAITRISE ACCORDÉE A UN FILS DE MAITRE PAR LES MERCIERS [1].

[Vers 1750.]

Nous, Maistres et Gouverneurs de la Confrérie Monsieur S. Louis, jadis Roy de France, fondée en l'Église du S. Sépulchre de cette Ville de Paris, ruë S. Denis, et Gardes de la marchandise de Mercerie, Grosserie, de draps d'or, d'argent et soye, et Joüaillerie, en icelle Ville : Certifions avoir noblement reçeu X, fils de Maistre dudit Estat, après qu'il Nous a esté certifié de preud'hommie, et estre François, suivant l'Ordonnance; par Nous trouvé

---

[1] Feuille in-4°, sur parchemin, imprimée dans le sens de la longueur. Dans Bibliothèque nationale, manuscrit français n° 21,796, f° 133. — Voy. ci-dessus, p. 35.

capable et expérimenté, et que les Ordonnances
dudit Estat luy ont esté leuës ; lesquelles il a promis, comme aussi luy avons enjoint, garder, observer et entretenir ponctuellement, et de n'y contre-
venir, sans faire aucune manufacture préjudiciable
aux privilèges dudit Estat.

Portera honneur et révérence aux Gardes tant du
présent qu'à l'advenir, les advertira des abus et
malversations qu'il sçaura estre faits contre ladite
marchandise, tant par les Marchands Merciers que
Marchands Forains, Courtiers et autres quelconques, si-tost qu'il en pourra avoir connoissance.

Ne fera aucun acte de Courtier de ladite marchandise.

Ne fera semblablement aucune societé ny com-
pagnie avec aucunes personnes, s'ils ne sont Marchands Merciers, receus Maistres et résidens en
cettedite Ville, dedans le Palais, dehors ou és
Faux-bourgs, et ne pourra tenir, ny autre pour luy,
qu'une seule boutique, banc ou échope dudit
estat esdits lieux.

Ne prendra aucun apprentif qui soit marié, ny
qui se puisse marier durant son apprentissage, qui
sera de trois ans. Ne prendra qu'un seul apprentif,
lequel il advertira qu'il ne pourra estre receu Maistre
audit Corps, qu'il n'ait servy les Maistres trois
années après son dit apprentissage expiré.

Sera pareillement tenu qu'à chacun aprentif
qu'il fera, de venir prendre au Bureau, quinze jours
après la datte du Brevet, lettres pour le droict de
service desdits aprentifs. Lesquels seront tous vrais
François, et non autres, ce qui est très-expressé-

ment défendu par nos Statuts et Ordonnances. Et s'il se veut servir d'aucuns estrangers, ne les pourra prendre que pour deux ans, afin qu'ils ne puissent acquérir le privilège : et dont ledit Maistre sera tenu les advertir, pour n'estre abusez et trompez.

Ne contreportera ny ne fera contreporter aucunes marchandises dans la Ville, Faux-bourgs, ny dans les hostelleries.

Gardera les commandemens de Dieu et ceux de l'Église, sans exposer ny vendre aucunes marchandises les jours de Dimanches et Festes, sur les peines portées par les ordonnances.

Lequel nous a présentement payé la somme de cent sols pour le droict accoustumé, sans préjudice de vingts sols parisis pour le droict du Roy, lesquels luy avons enjoint payer incontinent et sans délay ou à son Receveur pour luy à ce commis et député par sa Majesté ou par ses Officiers au Chastelet de Paris, et en retirer certificat ou quittance.

A la charge aussi de faire et prester le serment, et se faire recevoir à Monsieur le Procureur du Roy dudit Chastelet, et de payer et continuer doresnavant par chacun an dix sols parisis à la dite Confrérie et Communauté, au jour et feste Monsieur S. Louis ou lors de la queste d'icelle.

Le tout cy-dessus, sur peine de perdre son droict au dit estat.

En tesmoin de ce, nous avons fait mettre à ces présentes le scel dudit estat et le seing de l'un de Nous à ce commis, l'an mil six cens cinquante ....
le .... jour d............

II

ÉRECTION EN COMMUNAUTÉ DU MÉTIER DE
COUTURIÈRE[1].

[30 mars 1675]

LOUIS, par la grâce de Dieu Roy de France et de
Navarre, A tous présens et à venir, Salut.

Par notre édit du mois de mars mil six cens
soixante et treize[2], vérifié où besoin a été, Nous
avons entre autres choses ordonné que ceux qui faisoient profession de commerce, marchandises, et
toutes sortes d'arts et mestiers dans la ville et
faux-bourgs de Paris, sans être d'aucun corps et
communauté, seroient établis en corps, communauté et jurande, pour exercer leurs professions,
arts et mestiers, et qu'il leur seroit expédié des statuts, encore qu'ils eussent relation à des arts et mestiers qui sont en communauté et maistrise. En exécution duquel édit plusieurs femmes et filles,
Nous ayant remontré que de tout temps elles se sont
appliquées à la coûture, pour habiller les jeunes
enfans et faire pour les personnes de leur sexe leurs
juppes, robbes de chambre, manteaux, corps de
juppes et autres habits de commodité, et que ce
travail étoit le seul moyen qu'elles eussent pour
gagner honnêtement leur vie : elles Nous auroient
supplié de les ériger en communauté, et de leur

[1] Voy. ci-dessus, p. 251.
[2] Cet édit a été publié dans Isambert, *Anciennes lois
françoises*, t. XIX, p. 91.

accorder les statuts qu'elles nous auroient présenté
pour exercer leur profession.

Laquelle requeste et lesdits statuts Nous aurions
renvoyez au sieur de la Reynie et à nos Procureurs
au Châtelet, qui nous auroient donné leur avis le
septième janvier dernier. Et ayant été informez
que l'usage s'étoit tellement introduit parmi les
femmes et filles de toutes sortes de condition, de
se servir des couturières pour faire leurs juppes,
robbes de chambre, corps de juppes et autres
habits de commodité, que, nonobstant les saisies qui
étoient faites par les jurez tailleurs, et les condamnations qui étoient prononcées contre les couturières, elles ne laissoient pas de continuer de travailler comme auparavant ; que cette sévérité les
exposoit bien à souffrir de grandes vexations, mais
ne faisoit pas cesser leur commerce : et qu'ainsi leur
etablissement en communauté ne feroit pas un
grand préjudice à celle des maistres tailleurs, puisque jusques icy elles ne travailloient pas moins,
bien qu'elles n'eussent point de qualité. Ayant
d'ailleurs considéré qu'il étoit assez dans là bienséance, et convenable à la pudeur et à la modestie
des femmes et filles, de leur permettre de se faire
habiller par des personnes de leur sexe lorsqu'elles
le jugeroient à propos.

A CES CAUSES, et autres bonnes considérations, de
l'avis de notre Conseil, qui a vû notre édit du mois
de mars mil six cens soixante et treize, l'arrest de
notre Conseil portant renvoy de la requeste desdites
filles couturières et desdits statuts à notre Lieutenant général de police et nos Procureurs au ·

Châtelet lesdits statuts et ordonnances; contenant douze articles; les avis sur iceux de nosdits Lieutenant général de police et Procureurs au Châtelet: et de notre grâce spéciale, pleine puissance et autorité Royale, Nous avons érigé et érigeons ladite profession de couturières en titre de maîtrise jurée, pour faire à l'avenir un corps de métier en notre bonne ville et fauxbourgs de Paris, ainsi que les autres communautez qui y sont établies.

Voulons que toutes les femmes et filles, lesquelles ont payé les sommes ausquelles elles ont été modérément taxées en notre Conseil et ont prêté serment en qualité de maîtresses couturières par devant l'un de nos Procureurs au Châtelet, et celles qui seront reçeuës à l'avenir, puissent se dire maîtresses couturières et continuer leur art et profession, avec tous les droits, fonctions et privilèges mentionnez ès articles et statuts cy attachez sous le contre-scel de notre chancellerie, que Nous avons approuvez, confirmez et omologuez, et par ces présentes, signées de notre main, approuvons, confirmons et omologuons, voulons qu'ils soient exécutez de point en point selon leur forme et teneur.

Sans néanmoins que lesdits statuts ni l'érection des couturières en corps de métier puissent faire préjudice au droit et à la faculté qu'ont eu jusqu'ici les maîtres tailleurs de faire des juppes, robbes de chambre et toutes sortes d'habits de femmes et d'enfans, que Nous voulons leur être conservés en son entier, ainsi qu'ils en ont joüi jusqu'à présent.

Si donnons en mandement à nos amez et féaux conseillers, les gens tenans notre Cour de Parle-

ment, Prévost de Paris ou son Lieutenant général
de police, et autres qu'il appartiendra, que ces présentes ils fassent lire, publier et registrer, et icelles
garder et observer de point en point selon leur
forme et teneur ; et lesdites maîtresses couturières
et leur communauté joüir et user pleinement et
paisiblement desdits statuts, à toujours et perpé-
tuellement. Contraignant à ce faire, souffrir et obéir
tous ceux qu'il appartiendra, nonobstant tous édits,
ordonnances, arrests, règlemens, mandemens, défenses et lettres à ce contraires ; ausquelles et aux
dérogatoires des dérogatoires, Nous avons dérogé
et dérogeons par ces présentes. Voulons qu'aux
copies d'icelles, collationnées par l'un de nos amez
et féaux Conseillers et Secrétaires, foi soit ajoutée
comme à l'original. Car tel est notre plaisir.

DONNÉ à Versailles, le trentième mars, l'an de
grâce mil six 'cens soixante et quinze, et de notre
règne le trente-deuxième.

Signé LOUIS. Et plus bas, par le Roy, COLBERT.

Et à côté est écrit, visa D'ALIGRE. Édit de création
de maistrise pour les Couturières de la ville de
Paris, et scellé du grand sceau de cire verte sur lacs
de soye rouge et verte.

*Registrées, oüi et ce requérant le Procureur géné-
ral du Roy, pour estre exécutées selon leur forme et
teneur, suivant l'arrest de ce jour. A Paris, en Parlement, le septième septembre mil six cens soixante
et quinze. Signé* JACQUES.

*Registré au registre ordinaire de la police, suivant
la sentence renduë par Monsieur le Lieutenant général de police, sur les conclusions de Monsieur le*

*Procureur du Roy, ce jourd'huy septième octobre
mil six cens soixante-quinze. Signé* SAGOT.

III

PREMIERS STATUTS DES COUTURIÈRES [1].

[30 mars 1675.]

I. Les maistresses couturières auront la faculté
de faire et vendre des robbes de chambres, jupes,
justaucorps, manteaux, hongrelines, camisoles,
corps de juppes et tous autres ouvrages de toutes
sortes d'étoffes pour habiller les femmes et filles,
à la réserve des corps de robbes et bas de robbes
seulement. Dans tous lesquels ouvrages qu'il leur
est permis de faire, elles pourront employer de la
ballaine et autres choses qu'il conviendra pour la
façon et perfection des ouvrages. Avec défenses à
toutes filles et femmes qui ne seront point maistresses du métier d'en faire aucune fonction.

II. Les maîtresses couturières ne pourront employer pour faire leurs ouvrages aucuns compagnons tailleurs, ni les maîtres tailleurs aucunes
filles couturières. Ne pourront aussi les maîtresses
couturières faire aucuns habits d'hommes. Leur
sera néanmoins permis de faire les robbes et tous
autres habits d'enfans de l'un et de l'autre sexe
jusqu'à l'âge de huit ans.

III. Les maîtres tailleurs n'auront aucune visite

---

[1] Voy. ci-dessus, p. 254.

chez les maîtresses couturières, ni les couturières chez les maîtres tailleurs.

IV. Après que le nombre de maîtresses couturières, dont Sa Majesté veut que la communauté soit composée, aura une fois été remply, aucune fille ou femme ne sera receüe maîtresse couturière, si elle n'a été obligée en qualité d'apprentisse chez l'une des maîtresses de la communauté pendant trois ans, et qu'après iceux expirez, elle n'ait encore servy deux ans chez quelqu'une des maîtresses. Après quoy elle se pourra présenter aux jurées pour, si elle est de bonne vie et mœurs, être admise à la maîtrise, en faisant un Chef-d'œuvre tel qu'il luy sera ordonné.

V. Le Chef-d'œuvre sera donné par les jurées et sera fait en leur présence, en la maison de l'une d'entr'elles; et aussi en la présence de quatre Anciennes dudit métier, deux Modernes et deux Jeunes. Et seront tenues les jurées, après le Chef-d'œuvre bien et duëment fait, en certifier l'un des Procureurs du Roy au Châtelet, et conduire l'aspirante chez luy afin qu'il la reçoive maîtresse e lui fasse prêter serment. Et sera tenuë l'aspirante payer pour tous droits, à chaque jurée quarante sols, vingt sols à chacune des Anciennes, Modernes et Jeunes, et dix livres à la boëte[1], pour subvenir aux affaires de la communauté.

VI. Les filles de maîtresses seront receues sans faire apprentissage ny chef-d'œuvre. Et payeront seulement cent sols à la boëte de la communauté,

---

[1] L'on nommait ainsi la caisse de la communauté.

trois livres pour la confrérie et demy droit à chacune des jurées.

VII. Chacune maîtresse couturière ne pourra
avoir en même temps plusieurs apprentisses ; ains
se contenteront d'une seulement, laquelle sera de
bonne vie et mœurs, et sera obligée pour le dit
temps de trois années. Et ne pourra la maîtresse en
prendre une autre qu'après lesdits trois ans ou au
moins pendant la troisième année, à peine d'amende et de nullité du brevet. Leur sera néanmoins permis d'employer un grand nombre de
compagnes ou filles de boutique pour travailler à
leurs ouvrages.

VIII. Nulle maîtresse ne pourra soustraire ny
donner à travailler à aucune apprentisse ou fille de
boutique d'une autre maîtresse, sans la permission
de ladite maîtresse, jusques à ce que ladite apprentisse ait achevé son temps d'apprentissage ou ladite
fille de boutique l'ouvrage par elle commencé, à
peine d'amende. Et seront tenues les apprentisses
et filles travailler assiduëment chez les maîtresses
tous les jours, à la réserve des jours de dimanches
et de festes commandées par l'Église ; pendant lesquels, défenses leur sont faites et à leurs maîtresses
de travailler, à peine de trente livres d'amende,
applicables moitié au Roy et l'autre moitié au profit
de la dite communauté.

IX. Les affaires de la communauté seront conduites et régies par six jurées, chacune desquelles
demeurera en charge pendant deux ans. Et en sera
éleu trois tous les ans à la pluralité des voix, par
devant l'un des Procureurs du Roy au Châtelet, le

vendredy avant la feste de la sainte Trinité, par les
jurées en charge, toutes les maîtresses qui auront
passé les charges, quarante Anciennes, vingt Modernes, et vingt Jeunes, qui seront appellées à la
dite élection tour à tour, suivant l'ordre du tableau.

X. Les jurées seront obligées de tenir la main à
l'exécution des présens statuts, et les contestations
qui naistront pour raison d'iceux seront réglées en
la chambre des Procureurs de Sa Majesté au Châtelet en la manière accoûtumée.

XI. Les maîtresses couturières seront tenuës de
faire bien et deuëment les ouvrages commandez ou
non commandez, le tout bien coupé et cousu, de
bonne étoffe, bien et fidellement garnis et étoffez;
de bien mettre, appliquer et enjoliver ce qu'il conviendra pour leur perfection, le tout à poil droit,
fils, fleurs et figures, à peine d'amende et des dommages et intérests des parties. Et pour empescher
les fraudes, les jurées seront tenuës d'aller en visite
au moins deux fois l'année chez toutes les maitresses, et leur sera payé dix sols par chaque mai-
tresse pour chacune visite; et bien qu'elles fassent
plus grand nombre de visites, ne leur sera payé ce
droit que pour deux par chacun an.

XII. La communauté aura pour patron saint
Louis et pourra établir sa confrérie en l'église des
Grands-Augustins ou en telle autre qui lui sera
plus convenable. Pour l'entretien de laquelle
chaque aspirante payera cinq livres lors de sa réception et chacune maîtresse dix sols pour chacun an.
Lesquelles sommes seront receües par les deux dernières jurées, qui seront tenuës de prendre soin du

XV.　　　　　　　　　　　　　　　18

service divin et de tout ce qui concernera ladite
confrérie.

———

IV

STATUTS ET RÈGLEMENS DE LA CONFRÉRIE DE
SAINT-LOUIS ÉRIGÉE EN L'ÉGLISE PAROISSIALE DE
SAINT-GERVAIS DE PARIS[1].

[Année 1677]

I. La confrérie sera et demeurera toujours sous
la dépendance et en l'entière disposition de monseigneur l'Archevêque et de ses successeurs. En
sorte que si dans le cours du temps, par quelque
conjoncture non prévûë, il arrive quelque difficulté
ou contestation à l'occasion de ladite confrérie ou
l'observance des présens statuts, les confrères auront
recours audit seigneur Archevêque ou monsieur son
official, ausquels appartient de faire des règlemens
convenables pour le maintien et le paisible exercice
de ladite confrérie.

II. Le sieur curé de ladite paroisse en aura la
conduite, et choisira un chapelain pour dire les
messes et faire les autres fonctions ecclésiastiques
de la dite confrérie.

III. Tous les ans se fera l'élection de deux administratrices de ladite confrérie, lesquelles garderont

———

[1] Voy. ci-dessus, p. 300.

les registres où seront écrits, tant les noms et surnoms des sœurs de ladite confrérie, que les délibérations prises pour le gouvernement de ladite
confrérie, et généralement tout ce qui en concerne
l'administration.

IV. Les dites administratrices seront éleuës pour
la première fois par ledit sieur curé, du consente-
ment des sœurs. Tous les ans, elles seront choisies
par ledit sieur curé et les anciennes administratrices, à la pluralité des voix.

V. Le dit sieur curé et les administratrices en
charge et hors de charge auront seules voix déli-
bératives dans lesdites élections, et dans les confé-
rences qu'ils auront pour le maintien de ladite confrérie et pour aviser aux moyens de la faire sub-
sister dans l'ordre étably.

VI. Chaque sœur sera obligée de se confesser et
de recevoir le Saint-Sacrement de l'Eucharistie le
jour de son entrée en ladite confrérie, et de faire
la même chose le jour du patron et les quatre principales festes de la confrérie. Et en cas que quelqu'une se trouve avoir manqué à ce devoir, sans
cause ou empeschement légitime, et récidive après
en avoir été avertie par ledit curé ou chapelain,
elle pourra être rayée du nombre des sœurs de
ladite confrérie ʼ% ledit sieur curé le juge à propos.
Comme aussi seront biffées les sœurs qui se trouve-
roient être d'une vie peu réglée et ne donneroient
point de véritables marques de vouloir régler leurs
mœurs : de quoy elles seront charitablement aver-
ties par les sœurs qui en auront connoissance.

VII. S'il arrive que quelqu'une des sœurs de ladite confrérie tombe malade et en danger de sa vie, elle le pourra faire sçavoir à l'administratrice qui aura soin d'avertir les sœurs de prier Dieu pour elle.

VIII. Elle fera aussi sçavoir aux sœurs lorsqu'on portera le Saint-Sacrement aux malades de la confrérie, afin que chacune accompagne le Saint Ciboire et se rende à l'heure qu'on aura choisie pour ce sujet.

IX. Après le décez de l'une des sœurs, ledit sieur curé ou chapelain donnera jour pour célébrer un service qui sera fait aux dépens de la confrérie pour le repos de l'âme de la défunte. Et on sera tenu d'y assister, comme aussi de communier une fois à son loisir à même intention.

X. Les sœurs seront obligées de prier Dieu une fois le jour pour les besoins les unes des autres, afin d'être plus parfaitement unies par ces liens de charité.

XI. Les administratrices sortans de charge seront tenuës de rendre compte des deniers par elles receus et de l'employ qu'elles en auront fait, et ledit compte se rendra quinze jours après leur démission.

XII. Ne pourront celles qui seront en charge aliéner ny employer l'argent des aumônes et autres en dépenses extraordinaires, sans avoir au préalable pris l'avis dudit sieur curé.

XIII. Celles qui s'associeront doivent, le jour de leur entréé, aumôner à ladite confrérie, selon leur dévotion. Elles seront néanmoins exhortées de contribuer le plus qu'elles pourront aux frais qu'il est

nécessaire de faire pour l'acquit des charges de ladite confrérie.

XIV. Il y aura un coffre ou plusieurs, où seront
gardez les ornemens et argenterie de la confrérie,
et la clef sera entre les mains des administratrices
en charge, qui répondront du total. Et en sera fait
inventaire signé des administratrices anciennes et
nouvelles, dont il sera mis autant entre les mains
dudit curé ou chapelain.

XV. S'il arrive que quelqu'une des sœurs devienne pauvre et dénüée de biens, elle sera secou-
rüe, s'il est possible, par la confrérie, du conseil cy
dessus, et les sœurs seront exhortées de les assister
en leur particulier.

V

CONTRAT D'ALLOUAGE D'UNE COUTURIÈRE [1].

(9 avril 1687.)

Par devant les conseillers du Roy, notaires à
Paris soussignez, fut présente Marie Cauvent,
femme soy disante autorisée de Jean Doge, son
mary, maistre charon [2] à Paris, demeurant dans le
préau de la foire St Germain des Prez.

---

[1] Original sur papier, appartenant à l'auteur. — Sur la
différence qui existait entre l'allouage et l'apprentissage, voy.
Comment on devenait patron, p. 31, 77 et 273.

[2] Charron.

Laquelle, pour faire le proffit de Margueritte Doge, leur fille, a reconnu l'avoir mise en alloué, de ce jourd'huy jusques et pour treize mois et demy qui finiront à la Pentecoste de l'année prochaine xci^e quatre vingt huit, avec Marie Geneviève Rocard, fille maistresse couturière à Paris, demeurant rue Ste Margueritte, paroisse St Sulpice, à ce présente et acceptante, qui a pris et retenu ladite Doge fille pour son allouée. Et à laquelle elle promet aprendre son mestier de couturière et tout ce dont elle se mesle et entremet en iceluy.

Pourquoy ladite allouée, pour ce présente, sera tenue de se rendre tous les jours de travail, aux heures convenables, chez ladite dame Rocard, attendu qu'elle ne sera tenue de la loger, nourir et entretenir, ny luy donner aucun payement ny récompense pour raison des ouvrages qu'elle luy fera pendant le susdit temps.

Promettant ladite allouée d'aprendre de son mieux ledit mestier, et servir sadite maistresse en tout ce qu'elle luy commandra d'honneste au sujet d'iceluy. Sans s'absenter de la servir, à peine de tous despens, dommages et intérests, qui seront supportez par ladite Cauvent et son mary sollidairement, et à quoy ils seront contraints en vertu des présentes.

Lesquelles ladite Cauvent a promis faire ratiffier par son mary incessament pour leur vallidité : car ainsy a esté convenu et accordé entre lesdittes partyes. Promettant, obligeant, renonçant, etc.

Fait et passé à Paris, ès estudes des notaires soussignez, l'an mil six cent quatre vingts sept, le neufiesme jour d'avril. Et ont signé, fors ladite allouée qui a déclaré ne sçavoir escrire ny signer, de ce enquise, ainsy qu'il est dit en la minutte des présentes, demeurée en la garde et possession de Couvreur l'aisné, l'un d'iceux.

COUVREUR [1].

[1] Là seconde signature est illisible.

FIN

DU MÊME AUTEUR :

Les anciens plans de Paris, notices historiques et topographiques. 2 vol. in-4°.

Les sources de l'histoire de France. Grand in-8° à deux colonnes.

Dictionnaires des noms, surnoms et pseudonymes latins de l'histoire littéraire du moyen âge. Grand in-8° à deux colonnes.

PARIS

TYPOGRAPHIE DE E. PLON, NOURRIT ET Cie.
Rue Garancière, 8